Édouard Delruelle
préface de Paul Magnette
le socialisme

Renaissance du Livre
Drève Richelle, 159 - 1410 Waterloo
www.renaissancedulivre.be

 Renaissance du Livre
 @editionsrl

Édouard Delruelle
Dis, c'est quoi le socialisme ?

Directrice de collection : Nadia Geerts
Maquette de la couverture : Corinne Dury
Illustration de couverture : Shutterstock
Correction : Astrid Legrand
Édition et mise en pages : [nor] production – www.norproduction.eu
Achevé d'imprimer en août 2022 par l'imprimerie Colorix, Bulgarie

ISBN : 978-2-507-05755-8
Dépôt légal : D/2022/12.763/17

© Renaissance du Livre, 2022

Tous droits réservés. Aucun élément de cette publication
ne peut être reproduit, introduit dans une banque de
données ni publié sous quelque forme que ce soit, soit
électronique, soit mécanique ou de toute autre manière,
sans l'accord écrit et préalable de l'éditeur.

Édouard Delruelle

préface de Paul Magnette

le socialisme

Préface

Mon cher Édouard,

Si j'ai accepté de préfacer ton dialogue sur le socialisme, avant même d'en avoir lu une seule ligne, ce n'est pas seulement par amitié, mais c'est aussi parce que je sais tout ce que le mouvement socialiste doit à ses « compagnons de route », à ces intellectuels qui, sans jamais se départir de leur liberté de penser, entretiennent avec lui un dialogue critique et fraternel, comme tu le fais depuis une trentaine d'années. Tu le dis d'ailleurs toi-même d'emblée : le propre du socialisme, ce qui le distingue d'autres courants de pensée contemporains, c'est ce « constant va-et-vient entre théorie et pratique ». Le socialisme est à la fois une idée et une pratique, ce qui est assez banal, mais c'est aussi et surtout une idée qui n'a de sens qu'à travers la pratique qu'elle nourrit, et dont elle se nourrit en retour. C'est là que résident à la fois toute sa richesse et toute sa fragilité. Et c'est la raison pour laquelle le dialogue entre les élus, les militants et les intellectuels est une composante essentielle de la social-démocratie – c'est-à-dire la forme pratique du socialisme, comme tu le rappelles justement.

En quelques dizaines de pages, tu démontres que l'on peut être philosophe, attentif à la rigueur des termes et des concepts, tout en s'adressant au sens commun, et tu en dis plus que beaucoup de gros volumes prétentieux et indigestes. Et cela tombe bien car, entre les vociférations démagogiques qui forment le bruit de fond de la politique quotidienne et les longs discours ampoulés des « nouvelles critiques sociales », les gauches en général, et le socialisme en particulier, ont besoin d'esprits clairs qui remettent quelques points sur les « i » et qui, à défaut de proposer des solutions – ce n'est pas ce que l'on attend des philosophes –, nous aident au moins à bien nous poser les questions dont notre avenir dépend.

Tu fais donc bien de commencer en rappelant que le socialisme est, historiquement et conceptuellement, indissociable de la question sociale et de la lutte contre le capitalisme. La révolution industrielle et urbaine du XIXe siècle a si profondément déterminé notre histoire – surtout nous qui vivons au cœur du croissant fossile, berceau de l'Anthropocène – que nous finirions presque par oublier la violence de cette rupture historique. Hommes et femmes arrachés aux villages où des dizaines de générations s'étaient succédé, enlevés à leur terre, massés dans les faubourgs des villes, condamnés à creuser les entrailles de la terre pour en extraire l'or noir, enrégimentés dans des fabriques organisées comme des casernes. Hommes et femmes privés de droits, contrôlés, réprimés, méprisés par une bourgeoisie arrogante et brutale. Entassés dans des taudis insalubres, dans le froid et l'humidité, nourris de peu, livrés à la maladie, à l'alcoolisme et à la violence. C'est contre tout cela que la conscience humaine s'est révoltée il y a bientôt deux siècles, affirmant le refus de l'exploitation et de l'oppression, exigeant que soit reconnue l'aspiration humaine fondamentale à l'autonomie et au développement complet de nos facultés. Ce n'est pas qu'un lointain souvenir, l'écho presque mythique d'un passé glorieux mais révolu. C'est l'essence même d'une idée et d'une pratique d'émancipation dont les formes changent au gré du temps, mais dont l'instinct fondateur reste intact. Il faut s'en souvenir pour mesurer combien l'idée du socialisme reste puissante : car si le mouvement ouvrier a fait reculer l'espace du capitalisme et éradiqué les pires formes de la répression et de l'exploitation, la volonté de tout soumettre, la nature, les humains et leurs créations, aux rapports d'échange et à l'accumulation sans fin du profit reste hélas très puissante, y compris dans nos pays démocratiques et hyperdéveloppés. Une gauche qui s'accommoderait du capitalisme, ou qui ferait de la question sociale un combat parmi d'autres, ne serait pas socialiste – et ferait probablement long feu.

Ce que cette histoire nous enseigne, rappelles-tu aussi, c'est que dans le tourbillon de cette idée agissante qu'est le socialisme, la forme compte autant que le but. Ce qui revient à dire que le socialisme est indissociable de la démocratie, et que cette ambition démocratique elle-même s'exprime à travers une pluralité de formes – le syndicalisme, le parti, le mutuellisme, les coopératives, les associations, les cercles d'éducation permanente… Chacune de ces organisations respecte l'autonomie des autres et, ensemble, elles forment ce que nous appelons ici l'« action commune ». Les conquêtes arrachées aux détenteurs du capital ne furent possibles que parce qu'à chaque moment décisif les différentes composantes du mouvement socialiste ont su coordonner leur action et développer une stratégie partagée. Et ce qui fut vrai hier le demeure aujourd'hui, comme le confirment les combats récents – refinancement massif des soins de santé, relèvement des pensions, des basses allocations ou du salaire minimum, défense des libertés et lutte contre l'extrême droite…

Mais ce qui fait notre force, nous dis-tu, peut être aussi notre faiblesse. Attachés à la question sociale, ne risquons-nous pas de passer à côté d'autres grandes luttes pour l'émancipation, luttes contre le racisme et le colonialisme, le sexisme et l'homophobie, sans oublier le grand enjeu du siècle, le dérèglement climatique ? Et si la forme compte autant que le fond, quelles garanties avons-nous que les méthodes d'hier fonctionneront encore demain ? Ces questions sont sans aucun doute celles que tout socialiste doit se poser sans délai.

Sur le plan des idées, il est relativement simple de démontrer que l'exploitation des travailleurs, la domination masculine et le privilège blanc ont tous leur source dans le régime capitaliste. On peut aussi aisément montrer que les inégalités sociales et environnementales sont les deux faces d'une même pièce, et que le socialisme est la manière la plus efficace de faire advenir la justice climatique – l'espace me manque, mais j'y reviendrai bientôt dans un livre dont je serai très heureux de débattre avec toi.

Mais faire converger ces luttes, traduire la majorité sociale qui a objectivement intérêt à la rupture en une majorité politique capable de la traduire en actes, reste une tâche infiniment complexe. Les grandes avancées socialistes ont été rendues possibles par des circonstances historiques particulières – les récessions économiques et les guerres, la peur du rouge, la concentration géographique des ressources fossiles et des masses ouvrières... Or, nous vivons dans un monde où les menaces se sont diversifiées, où les frontières se sont estompées ; un monde où les identités collectives sont devenues plus fluides et les désirs individuels plus puissants... Nous ne pouvons donc reproduire les méthodes du passé. Mais nous pouvons en dégager l'esprit et lui donner une nouvelle vie, conforme au temps présent. Nous rappeler que la question des alliances électorales est certes importante, mais moins que celle des alliances sociales à former entre les composantes plurielles de la social-démocratie et avec toutes les autres organisations de la société civile qui partagent nos combats. Nous souvenir que, pour réduire les inégalités, il ne faut pas seulement changer les politiques publiques, mais transformer en profondeur la culture publique – à quoi sert l'abondance si elle détruit la planète et si elle ne contribue pas à l'émancipation individuelle et collective ?

Tu fais donc bien de conclure que la vraie question est de « savoir comment mener cette lutte » et de reconnaître « qu'aucun socialiste n'a aujourd'hui de réponse assurée ni définitive ». C'est vrai, même si cela ne signifie pas qu'il n'y a pas de réponse. Cela signifie plutôt que personne ne peut avoir de réponse seul, et que si nous voulons rester fidèles à l'histoire du socialisme, il faut commencer par réaffirmer que la question de la méthode est essentielle et qu'elle ne peut trouver de réponse que dans un dialogue critique et fraternel. De ce point de vue, le livre dont tu nous fais le cadeau constitue une pièce à verser à un processus collectif urgent, et un très précieux point de départ.

Avec toute ma gratitude et mon amitié, fraternellement, Paul.

L'autre jour, je passais avec une amie devant le Parlement européen et nous avons assisté à une scène étonnante. Un commissaire européen issu d'un parti socialiste est sorti d'une limousine pour s'engouffrer dans le bâtiment, tandis que de jeunes militants altermondialistes manifestaient au nom de « *Stop capitalism! Socialism now!* ». Mon amie m'apostropha d'un air goguenard :

Des hauts dirigeants politiques et des militants révolutionnaires, Karl Marx et François Mitterrand, Mao Zedong et Bernie Sanders, Che Guevara et Jacques Delors… Dis-moi un peu ce que tous ces gens ont en commun !

Oui, tu as raison, il vaut mieux parler *des* socialismes que *du* socialisme. Déjà, il y a une grande différence, selon que l'on parle des pratiques ou des théories politiques. Car le socialisme, c'est d'abord toute une gamme de *pratiques* politiques qui, à travers l'histoire, ont été portées par des dirigeants charismatiques (Vandervelde, Lénine, Blum, etc.), mais aussi par des millions de militants anonymes. Ces pratiques sont très hétérogènes sur le plan organisationnel – elles s'appuient tantôt sur le parti, tantôt sur le syndicat ou encore sur l'action directe – comme sur le plan gouvernemental – la social-démocratie adepte du compromis social est aux antipodes de l'étatisme soviétique entre 1917 et 1989.

L'autre angle possible pour appréhender le socialisme, c'est donc celui des *théories*, des idéologies ?

Elles aussi sont très hétérogènes : certaines se veulent scientifiques (le matérialisme historique de Marx et Engels), d'autres utopiques (les phalanstères de Fourier) ; certaines ont été inspirées par les Lumières, d'autres par le christianisme, etc. Sans oublier d'innombrables créateurs sensibles à la question sociale et aux combats socialistes – de Zola à Dos Passos, de Courbet à Frida Kahlo, de Eisenstein à Ken Loach, de Brecht à Pasolini...

Quel angle d'attaque privilégies-tu ?

Les deux ! Le socialisme, davantage que ses deux grands concurrents, le libéralisme et le conservatisme, se nourrit d'un constant va-et-vient entre théorie et pratique. D'où l'importance des « intellectuels », indispensables passerelles entre l'action et la réflexion. Antonio Gramsci (1891-1937) les appelait les « *intellectuels organiques* » – ce qu'il fut lui-même, en plus d'avoir été un immense théoricien et un dirigeant de premier plan.

Si le socialisme se décline au pluriel, c'est aussi parce qu'il dessine, on le verra, un spectre très large d'orientations politiques parfois antagonistes : révolution *versus* réformes, étatisme *versus* anarchisme, cosmopolitisme *versus* souverainisme, productivisme *versus* écologisme, etc. D'où les innombrables scissions et dissidences qui ont jalonné son histoire, avec son lot de tragédies intestines – comme lors de la guerre d'Espagne (1936-1938), quand militants anarchistes et communistes inféodés à Moscou se déchirèrent jusqu'à s'entretuer...

Si le socialisme est multiforme, c'est enfin parce qu'il croise d'autres combats pour l'émancipation, au point de s'hybrider avec eux : le féminisme, par exemple chez Louise Michel (1830-1905) ou Alexandra Kollontaï (1872-1952) ; l'anticolonialisme, avec Aimé Césaire (1913-2008) ou Léopold S. Senghor (1906-2001) ; l'écologie politique, chez le philosophe André Gorz (1923-2007). Au gré de luttes plus spécifiques, les socialistes se sont aussi alliés avec les libéraux sur la question de la laïcité ou des droits individuels, mais également avec le mouvement ouvrier chrétien autour des droits sociaux.

Finalement, est-ce que cela ne revient pas à dire qu'être socialiste, c'est être de gauche, tout simplement ?

L'amalgame est presque machinal, mais il est trompeur. Dans l'arène parlementaire belge, par exemple, les partis Écolo et PTB se situent à gauche, mais ils cultivent jalousement leur différence à l'égard du PS. Celui-ci n'a d'ailleurs pas le monopole du socialisme, dont se réclament aussi une myriade de groupuscules (« parti socialiste de lutte », « organisation socialiste internationale », etc.). Du côté des mouvements sociaux aussi, tu trouveras de nombreux militants de gauche en faveur des migrants, du climat ou du droit des femmes, qui sont néanmoins étrangers à toute identité socialiste.

Être de gauche, ce n'est pas forcément être socialiste, soit. Mais être socialiste, n'est-ce pas forcément être de gauche ?

Aux yeux de certains, cela n'a rien d'évident. Le polémiste Jean-Claude Michéa soutient par exemple que « le culte du Progrès et de la Modernité, qui est le centre de gravité de toutes les propagandes de gauche, est profondément étranger aux versions originelles du socialisme ». L'assimilation du socialisme à la gauche date, selon lui, de l'affaire Dreyfus (1895-1906), quand Jaurès a convaincu les socialistes de s'allier aux républicains libéraux pour faire barrage à la droite monarchiste. Depuis lors, la gauche n'aurait été, selon Michéa, qu'une machine idéologique visant à convertir les classes populaires à l'individualisme libéral et à la mondialisation, dans le but de désarmer le socialisme. D'où, à ses yeux, le rejet actuel de la gauche par les classes populaires au profit des populismes...

Qu'est-ce que le socialisme, alors, si ce n'est pas la gauche ?

Michéa le définit par la « *common decency* » chère à George Orwell, auteur de *1984* mais aussi militant socialiste. Cette décence ordinaire, c'est le sens de l'entraide et de la réciprocité, et plus largement, les vertus quotidiennes des gens de peu – la dignité, la bienveillance, le sens du travail bien fait, l'amour de la terre, etc. Michéa va jusqu'à dire qu'une certaine sensibilité conservatrice est la condition de toute révolution socialiste.

Tu adhères à cette idée que le socialisme est étranger à la gauche ?

Certainement pas. D'abord, on ne peut pas assimiler toutes les Lumières du XVIIIe siècle au culte libéral du progrès, du marché et de l'individu. Un clivage profond oppose en réalité les « Lumières modérées » de Locke ou Montesquieu, qui font en effet la promotion de la *liberté* individuelle et de la propriété privée, et les « Lumières radicales » de Spinoza ou Rousseau, qui prônent, elles, l'*égalité* entre tous les humains. Le socialisme est évidemment héritier de ce second courant. Ensuite, l'éthique de l'entraide et de la communauté n'est pas du tout spécifique au socialisme. Elle est plutôt propre au communisme, et on la trouve déjà dans le christianisme.

Qu'est-ce qui caractérise le socialisme, alors ?

C'est la *question sociale*, qui émerge avec l'industrialisation et le capitalisme. On est socialiste dès que l'on pose la question du sort des travailleurs et de leur lutte contre la classe propriétaire qui les exploite. Le socialisme repose certes sur une éthique de la solidarité, mais il ne s'y réduit pas. Il est indissociable d'un projet politique à la fois *critique* et *constructif* : *critique* des mécanismes du capitalisme, ce qui suppose toute une élaboration théorique et scientifique, comme celle de Marx dans *Le Capital* ; et *constructif* au sens où le socialisme cherche à édifier une société plus consciente d'elle-même, où les hommes seraient collectivement maîtres de leurs conditions d'existence, au lieu d'être les jouets d'une prétendue autorégulation des marchés.

Si je résume : le socialisme n'est pas *la* gauche, mais il est assurément *à* gauche. Ceci étant posé, as-tu une définition dans laquelle pourraient se reconnaître tous les socialismes ?

Je propose ceci : *le socialisme est la lutte politiquement organisée pour émanciper le monde du travail et la société en général (en ce compris notre environnement naturel) de l'emprise exercée sur eux par l'accumulation capitaliste.*

Si je comprends bien, un courant idéologique n'est pas spécifiquement socialiste s'il ne fait pas de la question sociale son cœur de cible ?

Exactement. Si ta problématique centrale est le genre, l'environnement ou la « race[1] », tu seras assurément « féministe », « écologiste » ou « antiraciste », mais pas

....
1 La « race » ne désigne pas ici une réalité biologique ou phénotypique, mais une catégorie sociale produite par les structures racistes de la société, comme les « classes » sont produites par les structures économiques capitalistes.

spécifiquement socialiste. Pour l'être, il faut que tu croises ces questions avec celles du travail et de la propriété. Inversement, un courant politique cesse d'être socialiste dès lors qu'il renonce à lutter contre le capitalisme, soit qu'il s'en accommode, soit qu'il dilue cette lutte dans une vague protestation morale antiélitiste, style « populisme de gauche » – on y reviendra.

Émanciper les individus de l'emprise du capitalisme, cette définition ne dit pas *comment...*

Non, et elle n'élude pas non plus les contradictions et impasses que le socialisme a pu rencontrer dans son histoire. Car je ne l'idéalise pas. Si le socialisme peut assurément s'enorgueillir de grandes conquêtes (le suffrage universel, la Sécu, etc.), si son idéologie a jailli de cerveaux exceptionnels (Proudhon, Marx, Gramsci...), s'il a ses héros et ses martyrs (Jaurès, Allende, Sankara, et tant d'autres), il a aussi ses zones d'ombre et ses taches indélébiles : le système concentrationnaire de Staline, le soutien de nombreux socialistes européens aux entreprises coloniales de leurs pays respectifs, la capitulation d'une certaine social-démocratie face au néolibéralisme, l'affairisme, et j'en passe. Le meilleur service qu'on puisse rendre au socialisme, c'est de porter sur lui un regard lucide, critique, sans complaisance.

Si tu définis le socialisme par la lutte contre le capitalisme, alors inévitablement se pose la question : qu'est-ce que le capitalisme ?

Classiquement, on définit le capitalisme par trois caractéristiques : (1) un système juridique qui protège la propriété privée et les contrats ; (2) un vaste réseau de transactions marchandes et monétaires ; (3) une production toujours croissante de biens et de services en vue de l'accumulation et du profit. Aux yeux des socialistes, c'est ce dernier trait qui fait le plus problème : la dynamique sans fin d'accumulation et de profit au bénéfice d'un petit nombre, au prix d'un mal-être pour le plus grand nombre – subordination au travail, cadences, stress, chômage, privatisation des biens essentiels, exploitation aveugle de la nature, etc.

Tu assimiles le capitalisme à l'économie de marché ?

Non, c'est une erreur commune à un grand nombre de libéraux et… de socialistes. Pourtant, Marx lui-même les distinguait clairement comme deux *dynamiques* certes corrélées, mais spécifiques. La dynamique du *marché*, c'est M – A – M (marchandise – argent – marchandise) : j'échange un bien que je possède ou que je produis contre un autre dont j'ai besoin, *via* la monnaie. Par exemple, je vends des pizzas dans mon restaurant pour pouvoir m'acheter une maison. Ici, ce qui prime, c'est la *valeur d'usage* des biens (loger ma famille). Tandis que la dynamique du *capitalisme*, c'est A – M – A' : j'ai un capital en argent, et je me demande quelle marchandise acquérir pour en retirer un profit (A'). Ici, ce qui prime, c'est la *valeur d'échange* des biens, c'est-à-dire le taux monétaire auquel je vais pouvoir l'échanger.

Qu'est-ce qui pose problème avec ce primat de la valeur d'échange ?

Selon Marx, trois choses : (1) le capitaliste, obnubilé par le profit, ne regarde *que* la valeur d'échange. Peu lui importe de produire des choses utiles, inutiles, ou même nuisibles, pourvu qu'elles engendrent de la plus-value ; (2) la seule marchandise capable de créer de la plus-value pour le capitaliste, c'est… la force de travail du salarié qu'il exploite. Le travailleur est une marchandise, qui doit aller se vendre sur le « marché de l'emploi » ; (3) une fois sa plus-value réalisée, le capitaliste la réinvestit aussitôt, dans un cycle sans fin et sans limite d'accumulation.

Ce système A – M – A' basé sur la valeur d'échange n'est-il pas terriblement efficace ?

C'est ce que prétendent les libéraux depuis Adam Smith (XVIIIe siècle) à travers la fameuse « main invisible » : en poursuivant notre intérêt égoïste, c'est comme si nous étions conduits par la main invisible du marché à réaliser l'intérêt général – la croissance, l'abondance. Pour les socialistes, au contraire, cette main invisible est un mythe qui cache en réalité un système basé sur l'exploitation d'une classe sociale par une autre. Un système destructeur et absurde, qui ne regarde que le profit à court terme, au détriment de l'utilité sociale et des générations futures. Contre le mythe libéral d'un marché concurrentiel qui s'autorégule, les socialistes veulent promouvoir un système économique (1) basé sur la *coopération*, et non la concurrence et (2) *organisé* de façon consciente et rationnelle par les associés, et non prétendument autorégulé par le marché.

Oui, mais quelle coopération, et quelle organisation ? C'est l'État qui décide de tout ?

Autre confusion : socialisme = étatisation. En réalité, les premiers socialistes, au XIXe siècle, privilégiaient les coopératives et le mutualisme, où travailleurs et/ou consommateurs sont maîtres de ce qu'ils produisent et/ou consomment, et décident démocratiquement de la manière de le faire. Quand les socialistes se sont tournés vers l'État, c'est d'abord pour lui conférer un rôle de coordination et de régulation : orienter les investissements, encadrer le travail, organiser la protection sociale. Et si l'État peut aussi produire, c'est dans une logique de services publics. En fait, le modèle qui domine chez les socialistes, c'est plutôt celui de l'économie mixte qui combine entreprises privées, indépendants, services publics et économie sociale et solidaire.

Mais l'économie mixte, c'est ce qui existe aujourd'hui ! À la grosse louche : 55 % d'entreprises lucratives ; 25 % de services publics, 10 % d'économie sociale et 10 % d'indépendants. Pourtant, nous sommes bien dans une société capitaliste, non ?

C'est pourquoi, dans ma définition du socialisme, je précise que ce n'est pas seulement le monde du travail qui subit l'emprise du capitalisme, mais *la société tout entière, en ce compris notre environnement naturel*. En effet, la dynamique capitaliste, qui est de produire pour produire, de consommer pour consommer, d'accumuler pour accumuler, impose sa logique bien au-delà de la sphère marchande. On le voit dans les services publics, à l'hôpital ou à l'université, qui ne sont pas des entreprises capitalistes, mais qui sont néanmoins astreints à la logique de productivité et de rentabilité qu'on appelle New Public Management. Pensons aussi à tout le travail de « soins » exercé gratuitement par les femmes dans la sphère domestique, à la pression exercée sur la nature, devenue à la fois réserve de ressources et réceptacle de déchets, ou encore, sur le plan géopolitique, aux rapports inégaux entre Nord et Sud et aux migrations de travailleurs pauvres qui engendrent le racisme, etc. C'est bien la société *tout entière*, et non seulement la sphère de la production, qui se trouve cannibalisée par le capitalisme. Le but du socialisme est de l'en émanciper.

Comment ? Quelle forme de lutte anticapitaliste peut être qualifiée de spécifiquement socialiste ?

Le sociologue Erik Olin Wright (1947-2019) dénombre cinq formes de stratégies anticapitalistes : (1) *écraser* le capitalisme en menant une révolution rapide et implacable, sur le modèle de la Révolution russe de 1917 ; (2) le *démanteler* par le biais de nationalisations massives, comme le veut tout programme étatiste classique ; (3) le *domestiquer* en régulant l'économie et en mettant en place des mécanismes de protection sociale, comme le fera la social-démocratie ; (4) lui *résister* par la lutte syndicale, la grève, les mouvements sociaux ; enfin, (5) le *contourner* en expérimentant des modes de production et des modes de vie non capitalistes, tels que les coopératives, les mutuelles, les « zones à défendre », etc.

Après deux siècles de socialisme, laquelle de ces stratégies s'est avérée la plus efficace ?

E. O. Wright fait un double constat : (1) la première stratégie, celle de l'écrasement révolutionnaire, a été une impasse et doit être abandonnée ; (2) une seule stratégie ne peut suffire contre un capitalisme bien plus solide qu'on ne l'a cru au départ. Il propose donc de *combiner* les quatre stratégies restantes : d'un côté, *démanteler* et *domestiquer* le capitalisme *via* l'intervention « verticale » de l'État ; de l'autre, lui *résister* et le *contourner* grâce aux initiatives « horizontales » de la société civile et des mouvements sociaux. Cette image de l'érosion ou de la tenaille définit bien, à mes yeux, ce qu'est le socialisme quand il est à son meilleur : exercer *tout à la fois* une pression « par en haut » de l'État sur les marchés, et une pression « par en bas » des classes populaires sur l'État.

Dans cette perspective, tu penses que la « lutte des classes », c'est obsolète ?

Au contraire, à condition de voir que le mot important ici, c'est « lutte » plus que « classes ». Être socialiste, c'est reconnaître que la société est traversée par des rapports de domination dont résultent des antagonismes irréductibles entre groupes dominants et dominés. Et c'est, bien entendu, prendre parti pour ceux qui, dans ces antagonismes, sont en position subalterne et luttent pour leur émancipation.

Mais au XXIe siècle, la lutte des classes n'a plus la même configuration qu'au XIXe, ou même au XXe siècle ?

Bien sûr. *Primo* : les prolétaires, aujourd'hui, se recrutent moins dans l'industrie mais plutôt dans le secteur des services et des soins. Ils ne sont plus dockers, cheminots, mineurs ou métallos, mais travailleurs de plateforme, livreurs, vendeurs, agents d'entretien, aides-soignantes, etc. C'est là que se trouvent les nouveaux fronts de lutte, hélas encore sous-investis par les socialistes.

Secundo, on ne peut plus faire de la lutte entre travail et capital le seul conflit structurant, comme si les antagonismes de genre ou de « race » étaient secondaires. Articuler les conflits de classe, de genre et de « race » est devenu un enjeu fondamental au sein du socialisme.

Est-ce que cela veut dire que la lutte des classes ne se joue plus, comme le pensent les marxistes, entre deux grands groupes antagonistes – le prolétariat et la bourgeoisie ?

C'est exact, non seulement parce que les fronts de lutte se sont diversifiés, mais aussi parce que le salariat, au XXe siècle, s'est consolidé, il s'est « dignifié », largement grâce aux socialistes. Une large classe moyenne a émergé dans l'industrie et les services, ainsi qu'une classe de « cadres » dont un grand nombre forment l'ossature de l'État (personnel politique, fonctionnaires, magistrats, juristes, universitaires, etc.). Depuis le XXe siècle, le socialisme cherche plutôt à coaliser les classes populaires, les classes moyennes et la classe cadriste dans un même front de lutte anticapitaliste.

Supprimer la référence à la lutte des classes dans les statuts du Parti socialiste, comme il en est régulièrement question, ce serait une erreur, selon toi ?

Plus qu'une erreur, une faute. Renoncer à la lutte des classes, c'est renoncer au socialisme, dont l'ADN est la défense de tous ceux qui vivent de leur force de travail.

Toute lutte populaire est-elle forcément une lutte émancipatrice ?

Non, le mouvement des Gilets jaunes l'illustre bien, qui a été un authentique mouvement populaire, mais d'orientation plutôt conservatrice et chauvine (s'il se rapproche du socialisme, c'est au sens de la « décence ordinaire » évoquée plus haut). Un mouvement de lutte ne devient authentiquement socialiste que s'il transcende l'indignation et la colère, et les transforme en projet de justice sociale : donner à tous un accès égal aux conditions matérielles qui permettent une vie épanouie.

Sociaux-démocrates, communistes et anarchistes, depuis plus d'un siècle, sont en bagarre permanente. Ils s'envoient des noms d'oiseaux – « traîtres », « renégats », « doctrinaires », « sectaires ». J'ai du mal à croire qu'ils appartiennent tous à la même grande famille du socialisme...

C'est sans doute ce que Freud appelle le « narcissisme des petites différences » : moins les différences sont perceptibles entre deux groupes, plus leur antagonisme a tendance à être violent... Car je suis convaincu qu'entre les différentes branches du socialisme, il y a plus de convergences que de divergences.

Je constate quand même que le sport favori des intellectuels « néocommunistes », aujourd'hui, c'est de dézinguer le socialisme…

Oui. Alain Badiou répète par exemple qu'en politique, il n'y a que deux voies, le capitalisme ou le communisme, et que la gauche socialiste (même celle de Jaurès !) n'est qu'un ventre mou, une simple nuance du pouvoir dominant. Antonio Negri, constatant l'effondrement concomitant de l'Union soviétique et de la social-démocratie, donne carrément congé au socialisme : *Goodbye Mr. Socialism* est le titre d'un de ses ouvrages.

Tu ne penses pas que socialisme et communisme sont antagoniques ?

Rappelons d'abord un point d'histoire. C'est Lénine, en créant l'« Internationale communiste » (« IIIe Internationale ») en 1919, qui a provoqué la scission entre les *partis* socialistes et communistes. Mais lui-même n'opposait nullement socialisme et communisme comme tels. Il les considérait au contraire comme deux *phases* successives de la révolution, l'une « inférieure » (socialisme) et l'autre « supérieure » (communisme). D'ailleurs, l'Union soviétique a été dénommée « Union des républiques *socialistes* », et non *communistes*, et tous les pays inféodés à Moscou ont adopté cette appellation…

Chez Marx aussi, on trouve cette idée d'une transition au communisme par le socialisme ?

Pas vraiment. Dans son esprit, les deux termes recouvrent la même chose, mais sous deux *dimensions* différentes : le communisme désigne le processus en quelque sorte « négatif » de destruction de la société capitaliste, tandis que le socialisme est le processus « positif » de construction d'une forme supérieure de civilisation succédant à cette dernière.

En un sens, ce qui existe, ce n'est pas *le* communisme mais *des communistes*, c'est-à-dire des femmes et des hommes qui s'engagent pratiquement pour mettre en œuvre des formes de vie communistes. De telles subjectivités communistes ont toujours existé à travers l'histoire, de Spartacus dans l'Antiquité aux militants zapatistes du Chiapas aujourd'hui, en passant par l'hérétique franciscain Fra Dolcino (XIVe), les sans-culottes de la Révolution française, les communards (Paris 1871), les « chrétiens pour la libération » en Amérique latine, etc. Le mouvement socialiste, lui, n'apparaît qu'au XIXe siècle pour répondre à la « question sociale » et construire une société alternative au capitalisme.

Donc, tu n'opposes pas communisme et socialisme, au contraire tu les envisages comme complémentaires ?

Oui. Sans l'inspiration insurrectionnelle de subjectivités communistes, une société socialiste n'a pas de chance de voir le jour. Mais inversement, l'énergie « négative » de révolte et d'insoumission qui anime ces subjectivités communistes reste impuissante sans la création d'institutions socialistes qui sont le plus souvent le fruit d'équilibres et de compromis, dont le plus bel exemple est la Sécurité sociale.

Et les anarchistes ?

Dans la grande famille des socialismes, ce sont un peu les enfants terribles. On trouve parmi eux de grands penseurs (Bakounine et Kropotkine notamment), mais ils n'ont pas le statut d'autorités théoriques comme Marx ou Lénine. Logique, puisque les anarchistes sont animés par un rejet viscéral de toute autorité. « Ni Dieu ni maître ! » Mais l'anarchisme, c'est aussi un mode d'action ouvert et tolérant qui consiste à tout décider localement et collectivement de façon absolument égalitaire, sans essayer de convertir des gens qui ont des visions différentes à une doctrine spécifique. La pratique passe avant la théorie...

Ce qui met les anarchistes de plain-pied avec le socialisme, je suppose que c'est leur opposition au capitalisme. Mais qu'est-ce qui les différencie des socialistes ?

Trois traits les décalent par rapport à l'orthodoxie socialiste. D'abord, le rejet de toute médiation et de toute verticalité politiques, ce qui les amène à récuser la forme-Parti au niveau organisationnel, tout comme la forme-État au niveau institutionnel. Ensuite, le refus de la centralité du travail et du monde ouvrier. Les anarchistes ont toujours cru dans le potentiel révolutionnaire des paysans, des jeunes et des femmes, trois catégories que le marxisme a longtemps traitées avec méfiance. L'histoire leur a d'ailleurs donné raison : les grandes révolutions du XXe siècle ont été accomplies par des paysans (en Russie, en Chine) ou par des jeunes (en 1968), et les femmes ont vite fondé leurs propres mouvements d'émancipation…

Enfin, dans la lutte anticapitaliste, les anarchistes pensent qu'il faut prioritairement *désaliéner* les travailleurs, et non les faire accéder à l'abondance matérielle. Quand socialistes et communistes exigent plus de pouvoir d'achat, eux prônent plutôt la réduction du temps de travail. C'est d'ailleurs une autre divergence : les anarchistes ne vouent aucun culte au travail, à la production, alors que c'est une tendance lourde du socialisme.

Quelle inspiration le socialisme peut-il tirer de la pensée anarchiste ?

Sur le plan intellectuel, l'anarchisme a une force critique inégalée en ce qu'il refuse de considérer des entités telles que l'« État », la « propriété » ou la « famille » comme des formes sociales anhistoriques, donc inévitables. Toute l'histoire humaine et tous les grands enjeux de civilisation peuvent ainsi être abordés sous un jour nouveau. C'est pourquoi il est extrêmement stimulant de lire des auteurs d'inspiration anarchiste comme Pierre Clastres, David Graeber ou James C. Scott.

L'anarchisme est-il nécessairement de gauche ?

Il est vrai qu'on qualifie parfois d'« anarchistes de droite » des auteurs comme Léon Bloy, Louis-Ferdinand Céline ou Marcel Aymé. Mais on est ici davantage dans le registre de la littérature que des idéologies et des pratiques politiques...

Est-ce qu'un clivage majeur ne traverse quand même pas de part en part la famille socialiste, entre ceux qui prônent la « révolution » et ceux qui se déclarent « réformistes » ?

Grande question ! Les mythes fondateurs du socialisme, ce sont des révolutions, à commencer bien sûr par la Révolution française. Quand il est apparu aux socialistes, dès le début du XIXe siècle, que le capitalisme compromettait la réalisation des idéaux de liberté, d'égalité et de fraternité promis par la Révolution, deux questions cruciales n'ont cessé de les tourmenter : quelle est la *finalité* de la lutte anticapitaliste et par quels *moyens* y arriver ? C'est sur ces deux questions que réformistes et révolutionnaires semblent s'opposer. Mais il s'agit, je crois, d'un faux clivage.

Voyons cela. Première question, celle de la *finalité* de la lutte anticapitaliste. Faut-il chercher à sortir du capitalisme ou privilégier la voie du compromis ?

L'alternative n'est pas aussi claire que cela. Ce que disent les réformistes, c'est simplement qu'une révolution ne se décrète pas, c'est l'Histoire qui décide, et non quelque avant-garde militante, aussi résolue soit-elle. Le paradoxe, c'est d'ailleurs que les révolutionnaires, au nom de la pureté de leurs objectifs, refusent souvent d'occuper le pouvoir, de peur de « se mouiller ». C'est un reproche qu'on adresse régulièrement à la gauche radicale : en restant dans une posture protestataire intransigeante, elle se condamne à l'impuissance et à l'attentisme. Le sociologue Robert Castel, éminent spécialiste de la « question sociale », a lumineusement exprimé ce point de vue : « Si on ne pense pas qu'une alternative globale au capitalisme est envisageable dans un avenir prévisible (car qui peut le penser sérieusement aujourd'hui ?), on est, qu'on l'avoue ou non, adepte d'une position réformiste. Dès lors, la lutte pour promouvoir un nouveau compromis entre travail et marché représente l'option politique la plus avancée pour essayer de contrer l'hégémonie du marché. Ce choix est le plus volontariste qu'il est possible de faire si on ne se résigne pas à laisser aller le cours des choses. »

Un militant révolutionnaire te répondrait sûrement qu'il n'est pas contre des réformes comme la Sécurité sociale ou la réduction du temps de travail, et qu'on le trouve d'ailleurs en première ligne dans les mouvements de défense des salaires, des retraites, des soins de santé, etc.

Oui, et il aura beau jeu d'ajouter que, sans radicalité révolutionnaire, il n'y a pas de politique réformiste possible. La Sécurité sociale, conquête emblématique du réformisme socialiste, a pu voir le jour parce que les patrons avaient une peur bleue que n'éclate une révolution communiste. Donc, à nouveau, il y a complémentarité entre les deux positions, plus qu'antagonisme…

Seconde question : quels *moyens* utiliser pour mener la lutte anticapitaliste ?

La thèse des conservateurs, c'est que toute révolution débouche inéluctablement sur la violence, la terreur, voire le totalitarisme – une thèse popularisée vers 1990 par l'historien anticommuniste François Furet à l'occasion du bicentenaire de la Révolution française. Mais c'est faux. Si toute rupture fondamentale comporte son lot de violences, c'est d'abord parce que les défenseurs de l'ordre ancien sont toujours prêts à tout pour ne pas perdre leurs privilèges. La confrontation avec les classes dominantes est dès lors inévitable si l'on veut changer les choses en profondeur.

Tu n'exclus donc pas que la lutte anticapitaliste puisse prendre des voies plus radicales que celles de la démocratie parlementaire ?

Tu sais, la Sécurité sociale a été créée en Belgique en 1944 à travers un simple décret du gouvernement provisoire de la Libération, à la suite d'un accord conclu dans la résistance entre patrons et syndicats. Aucun parlement n'a été consulté, sinon *a posteriori*... Et de son côté, la classe capitaliste n'hésite jamais à contourner les institutions démocratiques pour préserver son hégémonie – comme lors du coup d'État de 1973 au Chili, qui a renversé le gouvernement socialiste d'Allende.

N'est pas possible de dépasser l'opposition entre révolution et réformes ?

C'est ce qu'a génialement essayé de faire Antonio Gramsci à travers l'idée d'*hégémonie*. Une hégémonie, c'est un système de domination qui est une combinaison de coercition et de consentement, qui mixe des contraintes juridico-politiques et des idéologies. Pour renverser une hégémonie, il ne suffit donc pas de prendre le pouvoir d'État, il faut aussi gagner la bataille culturelle, la bataille des idées. À l'opposition « révolution » *versus* « réforme », Gramsci substitue les concepts de « guerre de mouvement » et de « guerre de position ». La guerre de mouvement, c'est la charge de cavalerie ou le raid aérien. Si tu transposes dans le champ politique, ça devient le coup d'État ou la révolution rapide (modèle Octobre 1917). On prend le pouvoir avant de changer la société. Tandis que la guerre de position, ce sont les tranchées ou le siège, c'est-à-dire, dans le champ politique, une patiente lutte idéologique et culturelle pour transformer les mentalités. Ici, on change la société avant de prendre le pouvoir. Le choix pour l'une des deux stratégies, ou pour un mélange des deux, se décide en fonction de la conjoncture…

Toutes ces questions surgies du passé m'ont l'air complètement périmées par rapport à ce que nous vivons aujourd'hui !

C'est très actuel, au contraire. Songe à la « transition écologique » ! Le GIEC nous alerte : nous n'avons plus que quelques années avant d'éviter la catastrophe et, pour avoir une petite chance de réussir, nous devons changer radicalement de mode de production et de mode de vie. Comment opérer cette transition ? L'écologie politique a le mérite de l'avoir mise à l'agenda, mais elle élude le plus souvent les questions les plus difficiles : où passe l'antagonisme politique autour du climat ? Quels lieux de pouvoir investir – ou démanteler ? Quelles alliances stratégiques conclure ? Si une guerre de mouvement sur le mode d'une révolution soudaine n'est pas envisageable, quelle guerre de position devons-nous mener ? Contre les politiques climato-cyniques de la droite, on ne peut pas se contenter d'en appeler aux « petits gestes du quotidien » et à la bonne volonté des dirigeants. C'est en ce sens que la question révolution/réformes est loin d'être obsolète.

Mais il me semble qu'une révolution, c'est une façon d'accélérer l'histoire. Or, actuellement, ce dont nous avons besoin, n'est-ce pas de ralentir, de décélérer ?

Oui, Marx disait des révolutions qu'elles étaient les « locomotives de l'histoire mondiale ». Il est vrai que la tradition socialiste a longtemps été *progressiste*, au sens où le progrès est un processus continu soustendu par le développement technique et l'abondance matérielle. Face à la catastrophe anthropocène, ce schème du progrès n'est plus tenable. Oui, il faut freiner, ralentir. Mais ça n'invalide pas du tout le schème de la révolution. Au contraire, cela le renouvelle, comme le philosophe Walter Benjamin l'avait déjà pressenti en 1940 : « Marx a dit que les révolutions sont la locomotive de l'histoire mondiale. Peut-être que les choses se présentent autrement. Il se peut que les révolutions soient l'acte par lequel l'humanité qui voyage dans le train tire les freins d'urgence. » Or, en ce début de XXIe siècle, ne sommes-nous pas les passagers d'un train suicide qui se rapproche d'un abîme catastrophique ? Pour essayer de l'arrêter, quelque chose comme une révolution n'est-il pas inévitable ?

Un autre terme qui est constamment accolé au socialisme, c'est celui de « social-démocratie ». Mais quelle est la différence ? Un social-démocrate, c'est un socialiste modéré, adepte du compromis social et partisan de l'économie de marché, c'est cela ?

C'est bien le sens qui s'est progressivement imposé. La social-démocratie comme variante pragmatique du socialisme est dès lors louée par certains pour sa modération et son sens des réalités, ce qui lui aurait permis d'engranger d'indéniables succès ; on cite alors volontiers en modèles Willy Brandt ou Michel Rocard. Mais pour d'autres, elle est synonyme d'opportunisme et de renoncement à la lutte anticapitaliste. Les cibles consacrées sont alors Tony Blair et Gerhard Schröder, initiateurs de la Troisième voie au tournant des XXe et XXIe siècles.

Mais à l'origine, la social-démocratie, ce n'est pas ça du tout. Historiquement, l'affaire remonte à 1875 à Gotha, quand les diverses factions socialistes allemandes se regroupent dans un même parti qu'elles dénomment « *social-démocrate* » (SPD), en vue de participer aux élections et d'être représentées au Parlement – ce qu'elles réussirent au-delà de leurs espérances ! Durant des décennies, la social-démocratie ne désignera pas autre chose que la forme organisationnelle que prend le socialisme dans le champ parlementaire (le *parti*) et dans le champ social (le *syndicat*) ainsi que les diverses associations de la société civile qui gravitent autour (coopératives, mutuelles, mouvements de jeunesse, etc.). En ce sens, rien ne distingue la social-démocratie du socialisme, sinon leur registre d'action : la première est le dispositif organisationnel dont le second est l'idéologie. Des militants révolutionnaires comme Rosa Luxemburg ou Lénine se qualifiaient eux-mêmes de « sociaux-démocrates » – avant, il est vrai, de rompre avec cette appartenance.

Pourquoi est-il important de garder en mémoire ce sens originel du terme « social-démocratie » ?

Parce que c'est sous cette forme que le socialisme a été – et est toujours – le plus efficace : comme organisation politique qui conjugue l'action d'un parti, d'un syndicat et d'associations comme les mutuelles ou les coopératives. En Belgique, on appelle cela « l'Action commune socialiste », qui est l'organe où l'ensemble du « pilier » socialiste se concerte et s'organise. C'est d'ailleurs dans le Nord de l'Europe que la social-démocratie est la plus développée, sur le modèle allemand où le centre de gravité est le parti, alors que dans la variante britannique qu'est le « travaillisme », le centre de gravité est le syndicat, dont le parti (le *Labour*) n'a longtemps été qu'une émanation.

Dans la crise existentielle que le socialisme traverse actuellement, on observe d'ailleurs qu'il résiste électoralement là où la social-démocratie est puissante. Le contre-exemple, c'est la France, où elle a toujours été insignifiante, et où le PS est devenu un parti croupion.

Mais entre la social-démocratie comme organisation unissant parti, syndicat et associations, et la social-démocratie comme culture du compromis social, voire de l'opportunisme, n'y a-t-il vraiment aucun lien ?

Le lien est indéniable. Car si tu admets que le combat socialiste doit être mené sur le double terrain de la démocratie parlementaire et de la négociation sociale, alors tu reconnais *de facto* que le point de vue de ton rival est légitime. La classe capitaliste et ses auxiliaires cessent d'être des *ennemis*, ils deviennent des *adversaires* avec qui des terrains d'entente peuvent être trouvés, ne serait-ce que temporairement. Le parti et le syndicat renoncent alors à leur rôle d'« avant-garde » de la révolution pour celui de « corps intermédiaire », de courroie de transmission entre les travailleurs, d'un côté, et l'État et le patronat, de l'autre.

Cette conversion au réformisme s'est opérée dès la fin du XIXe siècle, au fil des succès électoraux et des conquêtes syndicales, avant d'être théorisée en 1900 par l'un des leaders du SPD, Eduard Bernstein, ce qui va provoquer une violente réaction doctrinale des partisans d'une ligne révolutionnaire intransigeante, Karl Kautsky et Rosa Luxemburg en tête. C'est la fameuse « querelle du révisionnisme ». La thèse de Bernstein est simple : contrairement à ce que croyait Marx, l'effondrement du capitalisme n'est pas inéluctable. Au contraire, ce dernier s'est consolidé, et la condition des salariés, loin de se dégrader, s'améliore plutôt. Entre la bourgeoisie et le prolétariat s'est créée une vaste classe moyenne. Une révolution socialiste n'est donc tout simplement plus d'actualité.

La lutte anticapitaliste non plus ?

C'est là qu'on fait un mauvais procès à la social-démocratie. Il ne s'agit pas de renoncer à lutter contre le capitalisme, mais d'en réviser les objectifs et les moyens. Pour reprendre la typologie de E. O. Wright, l'objectif n'est plus de l'écraser mais de le démanteler et de le domestiquer, en prônant une économie mixte assortie de solides protections sociales pour les travailleurs. Quant au moyen d'y parvenir, on abandonne la guerre de mouvement révolutionnaire sous l'égide d'une avant-garde dictatoriale, au profit d'une guerre de position par la voie parlementaire et la négociation sociale. Néanmoins, il s'agit toujours de lutter contre le capitalisme.

Mais le risque n'est-il pas la pente fatale des compromissions, des reculades et, *in fine*, le renoncement aux principes mêmes du socialisme ?

C'est la thèse d'éminents historiens du socialisme comme Marcel Liebman (1929-1986) ou tout récemment Mateo Alaluf dans *Le socialisme malade de la social-démocratie*. Le point de départ de leur réflexion est la « loi d'airain de l'oligarchie » du sociologue Robert Michels (début XXe) : toute machine partisane est condamnée à se bureaucratiser autour d'une élite dont le seul objectif est alors de préserver son pouvoir, en sacrifiant immanquablement les objectifs et les idéaux de l'organisation. C'est ce qui serait arrivé à la social-démocratie dès ses débuts, et se serait aggravé aux XXe et XXIe siècles. En devenant des machines à gouverner, les partis sociaux-démocrates se seraient convertis en rouages du système. De compromis en compromissions, ils auraient fini par renoncer à leurs principes de base : la défense des travailleurs et la lutte anticapitaliste. Les échecs à répétition qu'ils enregistrent partout en Europe ces dernières années n'en seraient que la triste conséquence.

Tu trouves cela injuste ?

Je crois surtout que la politique est plus dialectique, plus « machiavélienne ». Toute transformation de la société suppose l'action conjuguée de deux forces : les forces « d'en bas » qui s'expriment à travers les mouvements sociaux, mais aussi les forces « d'en haut » qui agissent *via* le pouvoir d'État. Les organes de la social-démocratie (parti + syndicat + mutuelles, etc.) sont alors indispensables en tant que « corps intermédiaires » pour faire la jonction entre la base et le sommet. Oui, le socialisme risque de se diluer dans la pratique sociale-démocrate, mais l'inverse est vrai aussi : sans le penchant des sociaux-démocrates pour le pouvoir et la *realpolitik*, le socialisme reste stérile.

La solution ne réside-t-elle pas dans une certaine fermeté par rapport aux principes et à la doctrine ?

Certes, mais quand la doctrine se fossilise, ce n'est pas sain non plus. Le capitalisme est, à l'évidence, infiniment plus solide que Marx ne le pensait. Cela nous oblige assurément à réviser et à actualiser ce que l'on entend par « lutter » contre le capitalisme. C'est pourquoi le socialisme ne doit pas craindre, selon moi, de s'hybrider avec d'autres courants et d'autres doctrines. Un cas emblématique, c'est John Maynard Keynes, un économiste certes critique à l'égard du capitalisme, mais partisan résolu de l'économie de marché, un homme qu'on ne peut certainement pas qualifier de « socialiste ». Constatant, après le crash de 1929, l'instabilité foncière des marchés, Keynes plaidait pour que l'État régule l'économie grâce à la maîtrise de la monnaie, du crédit et des investissements, en privilégiant le soutien à l'emploi plutôt que la lutte contre l'inflation. Le keynésianisme deviendra le *credo* des gouvernements sociaux-démocrates durant les décennies 1945-1975. Du point de vue d'un socialisme « pur », notamment marxiste, cette hybridation avec le libéralisme keynésien est une hérésie, mais j'estime (avec beaucoup d'autres) qu'elle a fécondé le socialisme plus qu'elle ne l'a dénaturé, et que cette hybridation s'est avérée très utile dans la lutte anticapitaliste. On doit d'ailleurs se réjouir qu'aujourd'hui, après la longue éclipse où le néolibéralisme l'a plongé, le keynésianisme revienne sur le devant de la scène.

**Tout le monde connaît le refrain de *L'Internationale*, ce chant composé en hommage à la Commune de Paris, devenu l'hymne des socialistes :
« L'Internationale sera le genre humain ! »
Dépasser les frontières, unifier la lutte à l'échelle mondiale : les socialistes ont-ils été fidèles à ce beau principe ?**

Pas vraiment, admettons-le. Certes, l'histoire du socialisme est indissociable de ces prestigieuses organisations, les Internationales avec un grand « I », qui avaient l'ambition d'être de puissants organes de coordination à l'échelle mondiale, et dont la numérotation est devenue légendaire. « Première Internationale » : l'Association internationale des travailleurs, fondée par Marx en 1864. « Deuxième Internationale » : l'Internationale ouvrière créée en 1889 sous l'égide d'Engels, qui regroupe encore aujourd'hui la plupart des partis socialistes, travaillistes et sociaux-démocrates. « Troisième Internationale » : l'Internationale communiste fondée par Lénine en 1919, qui s'est évaporée avec l'Union soviétique. Sans compter les innombrables dissidences issues de la « Quatrième internationale » fondée par Trotski en 1938...

Mais ce qui a fait la gloire de l'internationalisme, ce sont surtout les séquences révolutionnaires spontanées comme le Printemps des peuples de 1848, les révoltes étudiantes de 1968, ou la remarquable mobilisation que fut l'« antifascisme » des années 1930, et qui s'incarna de manière héroïque, lors de la guerre d'Espagne, dans les Brigades internationales.

Pour le reste, toutefois, il faut bien constater que les socialistes se sont laissé tantôt coincer dans le cadre étroit de l'État-nation, tantôt diluer dans le mondialisme des échanges, incapables de dessiner une véritable politique internationaliste.

Tu veux dire que l'internationalisme a échoué à la fois face au nationalisme et face au mondialisme ?

C'est ce qu'enseigne l'histoire. Côté nationalisme, en 1914, les socialistes européens, malgré les efforts de Jaurès et de quelques autres, ont voté les crédits de guerre dans leurs pays respectifs, ce qui a fait voler en éclats la Deuxième Internationale. C'est un des motifs de la création de la Troisième Internationale par Lénine en 1919. Sauf que, très vite, les communistes inféodés à Moscou seront eux-mêmes sommés d'œuvrer dans le sens des intérêts de l'impérialisme russe. De fait, la cause des travailleurs a beaucoup de mal à s'imposer face aux identités nationales, tant celles-ci dégagent des affects puissants auprès des classes populaires, comme on le voit du reste à nouveau aujourd'hui. La triste conséquence, c'est le penchant d'un certain socialisme pour des politiques souverainistes, protectionnistes, voire « social-chauvines » – quand il s'agit par exemple de réserver les protections sociales aux groupes « nationaux » ou autochtones.

Mais quand les socialistes refusent de s'engager dans cette voie, le risque symétrique, c'est alors de pencher de l'autre côté, celui du mondialisme ?

Oui, c'est ce qu'on a vu dans les dernières décennies avec l'engagement proeuropéen de la plupart des partis sociaux-démocrates. L'intention de créer une Europe qui transcende les intérêts nationaux est louable et certainement fidèle aux préceptes internationalistes. Mais comme l'Union européenne ne connaît que la « concurrence libre et non faussée » et le dogme de la stabilité budgétaire, les socialistes ont été entraînés dans la spirale de la globalisation néolibérale. Un moment particulièrement consternant, de ce point de vue, aura été, en 2015, l'absence de solidarité des socialistes européens, en particulier allemands et français, envers la Grèce de Tsípras étranglée par les oukases budgétaires du FMI, de la BCE et d'Angela Merkel. L'européisme des socialistes se fait alors complice du mondialisme, ce qui contribue grandement à leur disgrâce actuelle auprès des classes populaires.

Mais alors, que pourrait être un authentique internationalisme ?

Le propre de l'internationalisme socialiste, c'est d'être un *universalisme* qui ne connaît ni frontière ni « race ». Dans un monde inégal structuré autour des rapports Nord-Sud, cela signifie combattre sans ambiguïté toute forme d'impérialisme, de colonialisme ou de racisme. Ce n'est pas un hasard si le socialisme a constamment nourri la lutte anticolonialiste et anti-impérialiste, par exemple celles de Senghor ou Sankara en Afrique, d'Hô Chi Minh ou Nehru en Asie. Mais hélas, on a aussi vu les travaillistes anglais soutenir l'Empire colonial britannique, ou, en France, la SFIO (Section française de l'Internationale ouvrière) de Guy Mollet défendre l'Algérie française. Aujourd'hui encore, on peut regretter la mollesse de certains socialistes dans la défense des migrants, comme l'ambiguïté de leur politique à l'égard des pays du Sud.

L'internationalisme suppose donc tout à la fois une conscience aiguë des rapports géopolitiques d'interdépendance et un engagement sans faille en faveur de ceux qui, au sein de ces rapports, se trouvent en position subalterne. Dans cette perspective, la contribution du sociologue Immanuel Wallerstein (1930-2019) est décisive. Il montre que le « système-monde » capitaliste est indissociable d'un réseau d'États-nations répartis entre un « centre » qui capte l'essentiel des richesses (l'Occident, mais les choses changent) et une « périphérie » exploitée et subalternisée. La leçon qu'il faut retenir de ses travaux, c'est que les nations et la mondialisation ne sont nullement en proportion inverse, mais qu'elles sont au contraire les deux faces d'un même processus. Plus la mondialisation capitaliste s'étend, plus les nationalismes progressent !

Cela signifie que les socialistes n'ont pas à choisir entre souverainisme et mondialisme, mais qu'ils doivent combattre les deux de concert ?

Exactement. L'internationalisme, c'est à la fois plus de régulation étatique contre la mondialisation et plus de coopération face aux dérives nationalistes et protectionnistes. Il suffit de considérer deux enjeux parmi les plus brûlants actuellement : le climat et les migrations. Dans les deux cas, les rapports inégaux entre Nord et Sud, entre « centre » et « périphérie », sont au cœur de la question. À propos du climat, on sait que les pays pauvres sont à la fois ceux qui polluent le moins et sont les plus exposés aux dérèglements climatiques. De même avec les migrations, qui résultent directement des politiques néolibérales menées dans les pays du Sud, et qui exacerbent en même temps le racisme et l'identitarisme au Nord. Dans un cas comme dans l'autre, nous avons besoin à la fois de régulation étatique contre l'anarchie des marchés et de coopération internationale contre l'égoïsme des États.

Pourquoi une politique internationaliste est-elle une équation si difficile à résoudre ?

Parce que c'est la quadrature du cercle. D'un côté, pour rendre les rapports économiques et politiques plus égalitaires au sein du « système-monde » capitaliste, il faudrait que naisse un puissant mouvement social internationaliste unissant le plus grand nombre de travailleurs (« Prolétaires de tous pays, unissez-vous ! », exhortait Marx). Mais d'un autre côté, nous voyons bien qu'un conflit sourd, profond, exacerbé par l'extrême droite raciste, oppose dans nos pays travailleurs « autochtones » et travailleurs « immigrés ». Pour que la solidarité l'emporte sur le repli sur soi, il faudrait que ledit système-monde soit *déjà* transformé, déjà régulé par de solides mécanismes de coordination et de coopération entre États… D'où, à nouveau, la nécessité d'agir en tenaille, à la fois par le bas, *via* des mouvements sociaux internationaux, et par le haut, à travers un surcroît de gouvernance interétatique…

Selon toi, en deux siècles d'histoire, quelles sont les plus belles réalisations du socialisme ?

Ce qu'il faut avant tout mettre à l'honneur, c'est l'inventivité militante des acteurs de la base pour *contourner* le capitalisme et pour lui *résister*. Dès que le système capitaliste s'est imposé au XIXe siècle, toutes sortes d'initiatives ont vu le jour afin d'expérimenter des modes alternatifs de production et d'existence. Ainsi sont nées les *coopératives*, fondées sur la participation égalitaire des travailleurs et/ou des consommateurs aux activités et à la propriété de l'entreprise, ainsi que les *mutuelles* de santé, de chômage et de retraite, qui n'étaient à l'origine que des caisses informelles de solidarité, avant de devenir des organisations incontournables de la vie sociale.

Dans les deux cas, nous retrouvons, par opposition au *credo* du libéralisme, l'ADN du socialisme : (1) produire en fonction de la valeur d'usage, c'est-à-dire des *besoins* réels de la société, et non en fonction de la valeur d'échange et du profit ; (2) miser sur la *coopération* et la réciprocité, et non sur la concurrence et la compétition. Ici réside l'un des ressorts les plus puissants du socialisme, qui est de s'incarner dans des réalisations pratiques, des « utopies concrètes », selon l'expression de E. O. Wright, qui montrent qu'il est déjà possible, ici et maintenant, de sortir du capitalisme, en misant sur la volonté, la solidarité et l'innovation.

Il faut ensuite parler de tous les modes de *résistance* au capitalisme que sont les luttes concrètes autour du salaire, du temps et des conditions de travail, etc. Le mode d'action le plus répandu auquel les travailleurs aient eu recours, c'est évidemment la *grève*, dont l'apothéose est la grève générale (une spécialité des socialistes belges à la fin du XIXe siècle). Très vite, les travailleurs, pour défendre leurs intérêts communs, vont également se regrouper au sein d'organisations communément appelées *syndicats*. Le mouvement syndical connaîtra de rudes débats pour savoir s'il doit s'opposer frontalement au pouvoir patronal, ou s'engager avec lui dans des formes de collaboration qui peuvent aller, comme en Allemagne, jusqu'à la cogestion des entreprises. Des débats qui restent vifs aujourd'hui autour des propositions de « démocratie au travail » comme celles, par exemple, de la sociologue belge Isabelle Ferreras.

Le socialisme ne peut-il se targuer d'aucune réalisation « d'en haut », impliquant l'État et ses organes ?

Si, bien sûr : l'État social, qui se met en place en Europe au sortir de la Deuxième Guerre mondiale. Même s'il sanctionne un compromis passé avec la classe capitaliste, l'État social consiste bien, selon moi, en une institution dont la nature est foncièrement anticapitaliste, et qui est clairement d'inspiration socialiste.

Tout le monde parle d'État social ou d'« État-providence » (« *Welfare State* » en anglais), mais bien peu savent exactement ce qu'il recouvre. Peux-tu essayer de clarifier les choses ?

Tout d'abord, rejetons l'expression « État-providence », qui est péjorative. Dans des pays comme la France et la Belgique, l'État social repose sur trois piliers :

1) la *Sécurité sociale*, qui offre une couverture assurantielle universelle face à une série de risques et d'incertitudes de la vie. En Belgique, elle est composée de trois branches : *maladie-invalidité, chômage* et *pensions,* à la périphérie desquelles on trouve les *allocations familiales* et les *institutions d'assistance* (CPAS) – ces dernières étant théoriquement résiduelles, mais hélas de plus en plus structurelles ;

2) les *services publics*, qui garantissent un accès universel à des besoins de base : éducation, culture, énergie, mobilité, logement, santé, etc. ;

3) enfin, le *droit du travail*, qui protège les libertés syndicales et qui encadre le contrat de travail en fixant la durée du temps de travail, le salaire minimum, les normes de sécurité et de protection des travailleurs vulnérables, etc., avec comme but de limiter le déséquilibre dans la relation de subordination entre salariés et employeurs.

Mais ces piliers institutionnels ne forment un écosystème véritablement anticapitaliste que s'ils sont activés par trois leviers politiques :

1) des politiques de *régulation*, dites « keynésiennes », par lesquelles l'État dispose de la maîtrise de la monnaie, du crédit et de l'investissement, dans un objectif de plein-emploi ;

2) des politiques de *redistribution*, dont les deux instruments principaux sont l'impôt progressif – pour financer les services publics et orienter les investissements – et les cotisations sociales – pour financer la Sécu ;

3) enfin, des politiques de *concertation sociale* qui, à côté des organes du gouvernement représentatif, donnent une forme démocratique au conflit capital/travail, à travers les conventions collectives et la gestion paritaire de la Sécurité sociale.

En quoi cet écosystème est-il anticapitaliste ?

En ce qu'il répond à une logique de *démarchandisation* de toutes les activités qui contribuent aux objectifs de justice sociale et de progrès social :

- *justice sociale* : garantir à tous un accès égal aux conditions matérielles qui permettent une vie épanouie – santé, éducation, etc. – en suivant un précepte simple : « De chacun selon ses moyens, à chacun selon ses besoins » (selon la célèbre formule attribuée à Louis Blanc, un socialiste du XIXe) ;
- *progrès social* : garantir aux générations futures un accès aux moyens matériels permettant une vie épanouie au même niveau que les générations présentes, et si possible supérieur – « nos enfants vivront mieux que nous ».

Certes, l'État social n'a pas pour dessein de « faire sauter l'édifice » capitaliste, d'« exproprier les expropriateurs », comme le souhaitait Marx. Il laisse une place au marché au sein d'une économie mixte, mais il ne lui permet pas de dominer la société. *Via* la fiscalité, c'est ainsi 40 % du PIB qui sont arrachés à une pure logique marchande, si l'on additionne 12 % dédiés aux retraites, 10 % aux soins de santé, 8 % à l'éducation, 5 % aux aides sociales, 5 % aux services publics « régaliens » (administration, armée, etc.).

Oui, mais la logique marchande se réintroduit dans ces 40 % : les retraités achètent des biens de consommation, le budget de la santé finance les « Big Pharma », la défense nationale enrichit l'industrie de l'armement, etc.

C'est vrai, mais leur allocation fait l'objet d'une délibération politique dont le résultat peut être, en effet, plus ou moins conforme aux objectifs définis plus haut. Il faut aussi pointer le caractère anticapitaliste du mode de financement de la Sécu : les cotisations sociales. Elles sont une forme de *salaire indirect* qui, comme son nom l'indique, n'est pas directement destiné à la consommation marchande, mais que nous activons en fonction de *besoins* spécifiques – pour notre santé, quand nous sommes sans emploi ou à la retraite. La Sécu, c'est donc une sorte d'énorme tirelire dans laquelle nous puisons pour notre bien-être. Quand les gouvernements entreprennent de « baisser les charges sociales », ils ne font donc rien d'autre, en réalité, que diminuer les salaires, avec pour effet de remarchandiser des besoins essentiels comme les soins de santé.

Est-ce que cette dynamique de l'État social ne correspond pas aussi à la stratégie anticapitaliste de l'érosion prônée par E. O. Wright, à savoir une combinaison d'initiatives « d'en bas » et de dispositifs « d'en haut » ?

Exactement. Par en bas, on trouve l'action syndicale et la création des mutuelles ; et par en haut, l'État qui active la Sécu, les services publics et les politiques économiques et fiscales « keynésiennes ». D'où l'importance, dans le fonctionnement de l'État social, des corps intermédiaires (syndicats et mutuelles), véritables charnières entre la base et le sommet de l'édifice.

Mais le Pacte social de 45 a-t-il vraiment été l'œuvre des seuls socialistes ? Durant les Trente Glorieuses (1945-1975), la social-démocratie a certes atteint son apogée électorale (30-40 %), mais la force politique qui a surtout exercé le pouvoir durant cette période, n'est-ce pas la Démocratie chrétienne ?

C'est vrai, mais une chose est d'exercer le *pouvoir*, autre chose est de détenir l'*hégémonie* au sens de Gramsci. Or, durant cette période, c'est la social-démocratie qui est hégémonique au sens où, même quand elle n'est pas au gouvernement, elle impose son projet *à l'ensemble* de l'échiquier politique, dont la Démocratie chrétienne, tu as raison, qui occupait alors le pouvoir un peu partout en Europe. Cette hégémonie sociale-démocrate fut telle qu'en 1956, un travailliste « social-libéral » du nom d'Anthony Crosland soutint, dans *The Future of Socialism*, que le socialisme avait de fait réalisé ses objectifs de prospérité collective et de justice sociale, et qu'il devait dorénavant se donner d'autres buts que matériels, en matière d'éducation, de culture et d'éthique...

Est-ce que tu n'idéalises pas cet État social et la période des Trente Glorieuses où il a été à son apogée ?

Non, je ne fais pas de l'État social une forme indépassable. Il est au contraire traversé par de profondes contradictions et divisions. Durant les décennies 1950-1960, l'État social s'est en effet stabilisé en laissant intacte une quadruple matrice de domination sociale : (1) une matrice *familialiste*, où la femme au foyer disposait de droits essentiellement dérivés de ceux du travailleur masculin, chef de ménage ; (2) une matrice *postcoloniale* qui exploitait allègrement les ressources naturelles et la main-d'œuvre des pays du Sud ; (3) une matrice *disciplinaire* où, en échange des protections sociales, le salarié était tenu de respecter l'autorité patronale et la hiérarchie au travail ; enfin, (4) une matrice *productiviste* aveugle aux enjeux environnementaux, mais qui était alors le gage de tout « compromis social » : grâce à une croissance soutenue (5-6 %), on pouvait rétribuer les actionnaires tout en augmentant les salaires directs et indirects des classes productives.

Dès les années 1960, différents mouvements dits « postmatérialistes » – le féminisme, l'antiracisme et le tiers-mondisme, l'écologie, l'autogestion – vont venir contester ces matrices de domination inhérentes au compromis social de 45, bousculant au passage les certitudes et les préjugés du mouvement ouvrier. En 1968, une convergence des luttes ouvrières et des nouvelles luttes culturelles se dessina partout dans le monde, tant à l'Est qu'à l'Ouest, au Nord qu'au Sud, laissant entrevoir l'avènement d'une société véritablement socialiste, émancipée tout à la fois du modèle consumériste occidentalo-centré sous égide américaine et du modèle disciplinaire et bureaucratique de type soviétique.

Toutefois, cette convergence n'a pu se réaliser... Pourquoi ?

D'abord, en raison de l'incompréhension réciproque entre le monde ouvrier et ces nouveaux protagonistes – femmes, non-Européens, jeunes, etc. – mis en avant par ce qu'on a appelé la « Deuxième gauche ». Mais surtout, comme nous le verrons plus tard, en raison de la violente contre-offensive menée par les classes dominantes pour restaurer leur hégémonie.

Moins réjouissant : les déconvenues, les défaites... Quels sont les échecs les plus cuisants du socialisme ? Le plus lourd dossier est évidemment celui du « socialisme réel » de type soviétique.

Dossier épineux aussi, si l'on veut éviter les caricatures de la propagande anticommuniste, et comprendre la profonde empreinte laissée par la Révolution de 1917 dans l'histoire et la mémoire collective. Car s'il y eut d'innombrables soulèvements populaires à travers l'histoire, c'est la première fois que les prolétaires livraient avec succès une révolution dont ils étaient les principaux bénéficiaires. Certes, ce succès doit beaucoup à la détermination des bolcheviks, une avant-garde intellectuelle composée de rejetons de la bourgeoisie russe. Mais le moteur de la révolution d'Octobre, ce furent bien les « soviets », les conseils d'ouvriers et de soldats, en tout cas jusqu'en 1921 – quand le soulèvement des marins de Kronstadt fut écrasé par l'Armée rouge. Celle-ci précipita la militarisation du régime, mais il ne faut pas oublier qu'elle dut faire face à une effroyable guerre civile menée par les tenants de l'ancien régime, les « Armées blanches » soutenues par l'Occident. On ne peut pas nier non plus que l'économie soviétique, une fois la situation stabilisée, réussit à industrialiser et à moderniser la Russie et à sortir les masses de la misère et de l'arriération, alors qu'au même moment, l'Occident capitaliste, suite au crash de 1929, était plongé dans la dépression.

La révolution d'Octobre souleva aussitôt une immense vague d'espoir chez de nombreux socialistes à travers le monde, comme les spartakistes allemands ou les comités ouvriers italiens du *Biennio Rosso* (1919-1920). Et elle restera longtemps un modèle pour les peuples colonisés ou subalternisés en lutte contre l'impérialisme occidental. Les campagnes victorieuses de Mao Zedong en Chine (1949), de Hô Chi Minh au Vietnam (1954), de Castro à Cuba (1959), par exemple, en résultent directement. Quant au sacrifice de millions de soldats soviétiques pour libérer l'Europe du nazisme, entre 1941 et 1945, il conféra à l'URSS un prestige justifié.

Mais le régime mis en place en URSS s'est très vite révélé autoritaire…

Oui, et il l'est resté jusqu'à sa chute, sous la forme d'un régime à la fois oligarchique, bureaucratique et répressif : (1) *oligarchique* : le pouvoir politique y était monopolisé par le seul Parti communiste, vertical et centralisé, dont les membres triés sur le volet (la Nomenklatura, à peine 10 % de la population) jouissaient de privilèges matériels exorbitants par rapport à la masse des citoyens ; (2) *bureaucratique* : l'État organisait, planifiait et contrôlait l'ensemble des activités économiques et sociales, sous l'égide d'une élite technocratique (les apparatchiks) et d'une foule de petits cadres dociles et médiocres ; (3) *répressif* : dès ses premiers pas, le régime abolit le pluralisme constitutionnel et les libertés publiques, créa une police secrète qui devint vite toute-puissante et mit en place un système concentrationnaire (le Goulag) où des millions de Soviétiques, quand ils survivaient, étaient réduits au travail forcé.

Pourquoi tu n'utilises pas le qualificatif « totalitaire » ?

Le concept de « totalitarisme » établit une équivalence douteuse entre régimes fascistes et régimes communistes, par contraste avec nos « démocraties de marché » dépeintes comme des havres de paix et de liberté. Sans nier que nazisme et stalinisme aient l'un et l'autre aboli la vie privée et pratiqué la terreur de masse, il y a toutefois dans le nazisme un tropisme génocidaire qu'on ne peut pas imputer au stalinisme. De plus, il ne faut pas oublier que les « démocraties libérales » (France, Grande-Bretagne et États-Unis en tête) ont aussi été de sanglantes puissances impérialistes et coloniales. C'est d'ailleurs dans le cadre du colonialisme qu'ont été expérimentés les outils de répression que nous associons au « totalitarisme » – apartheid, camps de concentration, génocides, etc. Il faut donc user du terme avec parcimonie, comme c'était d'ailleurs le cas d'Hannah Arendt dans *Les origines du totalitarisme* (1951).

La faute originelle ne se trouve-t-elle pas en amont, dans l'idée de « dictature du prolétariat » forgée au XIXᵉ siècle par Marx et Engels ?

Absolument pas. Marx et Engels emploient le terme « dictature » dans le sens qu'il a en droit romain, où il désigne tout simplement un « état d'exception », c'est-à-dire un dispositif provisoire de concentration du pouvoir pour faire face à une situation de crise. L'exemple que Marx a en tête, ce n'est rien d'autre que le « Comité de salut public » institué par la Convention en 1793 pour sauver la Révolution. Au demeurant, si tu listes les mesures que lui et Engels préconisent durant les quelques mois (tout au plus) de dictature du prolétariat, il n'est question ni de suppression des libertés publiques ni même d'une collectivisation totale de l'économie, mais « seulement » de la suppression de la propriété capitaliste. Toute différente, par contre, sera la version proposée par Lénine et Trotski, celle d'un parti unique centralisé et d'une économie entièrement dans les mains de l'État. Comme Rosa Luxemburg l'avait lancé à Lénine avant 1917, avec les bolcheviks, ce ne sera pas la dictature *du* prolétariat mais la dictature *sur* le prolétariat.

Entre Lénine et Staline, il n'y aurait pas de différences ?

Une différence majeure quant au projet communiste lui-même. Le projet de Lénine, c'était celui d'une révolution qui devait apporter le bonheur sur terre aux classes populaires grâce aux lumières d'une élite intellectuelle visionnaire. Staline, à la différence de Lénine ou Trotski, est issu du peuple, et, pour se hisser au pouvoir, il va promouvoir des ouvriers dans l'appareil du Parti et de l'État, en éliminant les intellectuels-dirigeants à grands coups de purges massives et de parodies de procès. Une élite d'extraction ouvrière va ainsi émerger, qui se scindera, après sa mort en 1953, en deux clans concurrents : les responsables *politiques*, maîtres du Parti et gardiens du *statu quo*, et les responsables *économiques*, hauts fonctionnaires de l'État de plus en plus inquiets du retard pris sur l'Occident.

Comment expliquer la chute du régime soviétique ?

L'indice le plus flagrant que ce système était pourri jusqu'à la moelle, c'est qu'il sera sabordé par… sa propre classe dirigeante, qui va *elle-même* se convertir au capitalisme pour préserver ses privilèges. En Chine, le dirigeant communiste Deng Xiaoping décrète cette conversion au marché capitaliste dès 1978. Les élites économiques soviétiques tentent de suivre avec Gorbatchev, mais le Parti s'y oppose et perd le contrôle de la situation, à la différence de la Chine où il tient toujours le pouvoir d'une main de fer. Le plus triste dans cette histoire, c'est de se dire que les oligarques russes et les milliardaires chinois sont en fait de pures créations du régime communiste dont on voit, à l'instar de la Chine, qu'il est parfaitement compatible avec… le capitalisme le plus sauvage.

De son côté, la social-démocratie européenne est-elle exempte de tout reproche ?

Certainement pas. Mais elle a des circonstances atténuantes. Au début des années 1970, alors qu'elle aurait pu se régénérer au contact des mouvements culturels de 1968, la social-démocratie doit subir les effets d'une véritable contre-révolution qu'on appelle le *néolibéralisme*. Les classes dominantes étaient alors déterminées à utiliser tous les moyens pour restaurer un capitalisme pur et dur, y compris la violence, comme lors du coup d'État de Pinochet au Chili en 1973 contre le gouvernement socialiste d'Allende. Le Chili deviendra d'ailleurs un véritable laboratoire des politiques néolibérales de privatisation et de dérégulation de l'économie qui se généraliseront dans les années 1980 avec Reagan aux USA et Thatcher en Grande-Bretagne. Ces derniers seront les fers de lance d'un démantèlement systématique du « pacte social », réduisant massivement la fiscalité sur les hauts revenus et le capital, et brisant les corps intermédiaires, en priorité les syndicats. Non moins violente sera la politique du FMI (Fonds monétaire international) qui imposera aux pays d'Afrique et d'Amérique latine, en échange de prêts usuraires, des plans dévastateurs de « libéralisation » économique et d'austérité sociale.

En Europe, par contre, la contre-révolution néolibérale n'a pas pris, me semble-t-il, un tour aussi brutal...

En effet, et cela en raison précisément du poids de la social-démocratie. Dans les décennies 1990-2000, les forces néolibérales vont passer avec elle un compromis tacite autour des trois piliers de l'État social : la clé de voûte, la Sécurité sociale, fut (plus ou moins) préservée, mais en contrepartie les services publics furent massivement privatisés, et le droit du travail, dérégulé. La social-démocratie perdit son hégémonie, mais conserva sa raison d'être, d'autant que de belles victoires obtenues sur le plan éthique (avortement, euthanasie, sexualités, etc.) vinrent compenser en partie les défaites subies sur le plan social. Elle put ainsi rester au pouvoir, en alternance ou en coalition avec les tenants de la voie néolibérale.

Face à cette déferlante néolibérale, dopée par la conversion de la Chine et de la Russie au capitalisme mondialisé, les dirigeants sociaux-démocrates européens avaient-ils d'autres choix que ce compromis défensif ?

C'est ici que nous mesurons toute l'importance de l'idéologie, de la bataille pour l'hégémonie intellectuelle, pour parler comme Gramsci. Faute d'avoir su régénérer son projet de société et redéfinir ce que pourrait être une stratégie anticapitaliste en contexte « postsoviétique », la social-démocratie a été contrainte, en effet, soit de reculer face aux assauts du néolibéralisme, soit de s'y convertir elle-même, ce qu'elle fera sous la forme de la Troisième voie (*Third Way*) théorisée par le sociologue Anthony Giddens, et dont les deux figures politiques emblématiques furent le travailliste Tony Blair (1997-2007) et le SPD Gerhard Schröder (1998-2005).

Mais la Troisième voie n'est-elle pas une variante de ce vieux courant respectable qu'est le social-libéralisme, dont nous avons croisé plus haut un représentant, Anthony Crosland ?

Non, parce que l'énorme différence, c'est que Crosland considérait l'État social comme un *acquis* qu'il fallait compléter par de nouvelles conquêtes sur le terrain des libertés et de la culture, tandis que pour Anthony Giddens, principal théoricien de la Troisième voie, il est une *entrave* dont il faut se débarrasser en se convertissant purement et simplement aux lois du marché. La cible principale de ses ouvrages, c'est bien le socialisme et le *Welfare State*. Les services publics ? Stigmatisés pour leur bureaucratisme, et invités à adopter les indicateurs de performance du privé. Le droit du travail ? Trop rigide, en retard sur la mutation numérique et robotique. La Sécurité sociale ? Vestige de l'industrialisme, elle encouragerait la paresse et la fraude, et devrait responsabiliser davantage les allocataires. Les politiques keynésiennes ? Inadaptées à une économie « postmoderne » globalisée. Etc.

Pour Giddens, la division entre la droite et la gauche n'a même plus de raison d'être, pas davantage que les partis et les syndicats, relais des défuntes classes sociales. Le vrai clivage opposerait dorénavant les « modernes », partisans de la mondialisation, aux « archaïques » de droite comme de gauche, symétriquement arc-boutés sur leurs identités et leurs acquis. Les deux principes fondateurs du socialisme – la lutte contre le capitalisme et la défense des travailleurs – sont tout simplement liquidés.

Est-ce que la social-démocratie s'est massivement convertie à la Troisième voie ?

Loin de là. Au sein des formations politiques sociales-démocrates européennes, la Troisième voie ne gagna jamais le *leadership* intellectuel, comme en témoigne l'échec du *Manifeste* lancé en 1999 par Blair et Schröder. Ensuite, s'il est vrai que les *partis* politiques, pour rester au pouvoir, ont beaucoup emprunté aux thèses de la Troisième voie, d'autres acteurs sociaux-démocrates, comme les syndicats, les mutuelles ou le monde associatif, opposèrent souvent de fortes résistances à la montée en puissance du néolibéralisme.

Il n'en demeure pas moins que la social-démocratie, globalement, n'a pas su élaborer d'alternative au néolibéralisme. Imagine qu'à la toute fin du XXe siècle, 13 des 15 pays de l'Union européenne étaient dirigés par des sociaux-démocrates, quelle opportunité ! Et pourtant, tout ce petit monde va continuer à suivre docilement l'orthodoxie fixée par les doctrinaires néolibéraux. Voilà qui définit très bien ce qu'est une hégémonie au sens de Gramsci : c'est quand tes adversaires parlent ton langage, et cela même en ton absence, et qu'ils s'adaptent spontanément à la ligne que tu as déterminée. C'est ainsi que la social-démocratie, en ce début de XXIe siècle, se retrouve désarmée, éloignée des classes populaires comme elle ne l'a jamais été...

Y a-t-il encore un avenir pour la Troisième voie ?

Cette ligne politique est encore clairement celle d'un Emmanuel Macron, mais je pense que son potentiel historique est désormais épuisé.

Défaites électorales, sondages en berne, effectifs en déclin : le pronostic vital du socialisme et de la social-démocratie est-il engagé ? Le socialisme au XXIe siècle, c'est la « chute finale » ?

Si l'on analyse les résultats électoraux des partis sociaux-démocrates européens sur la longue durée, la chute est vertigineuse. Après son envol au début du XXe siècle grâce à l'extension du suffrage, la social-démocratie atteint un pic électoral dès les années 1930 autour de 30-40 % et se stabilise à ce niveau durant un demi-siècle. Puis, les années 1980 voient s'amorcer un net ralentissement (25-35 %), avant un déclin catastrophique entre 2010 et 2019, à hauteur de 22 % en moyenne…

En gros, les partis sociaux-démocrates se répartissent aujourd'hui en trois grandes catégories : (1) les figurants qui ont dégringolé autour de 5 %, tels le PS français, le PASOK grec ou le PvdA néerlandais ; (2) les seconds rôles qui, avec 10-15 %, ne pèsent plus vraiment sur l'échiquier politique de leurs pays (le LSAP luxembourgeois, Vooruit en Flandre), auxquels on peut ajouter les stars déchues, détrônées à gauche par les

Verts, comme le SPÖ autrichien ; enfin, (3) les quelques partis encore capables, avec des résultats autour de 25-30 %, de se hisser en haut de l'affiche : citons le PS portugais, le PSOE (Espagne), le SPD allemand, le SAP (Suède) et le PS belge francophone, mais qui a tout de même dévissé de 10 % en 10 ans, passant de 36 % à 26 %.

Bien sûr, on peut toujours relativiser. Après tout, l'autre grande famille politique hégémonique en Europe au XXe siècle, la Démocratie chrétienne, connaît une déglingue encore plus spectaculaire. Et la famille libérale ne profite pas vraiment de la méforme de ses adversaires. D'une manière générale, ce sont toutes les familles politiques « traditionnelles » qui trinquent... Mais ne faisons pas l'autruche : la social-démocratie traverse une crise existentielle.

Comment expliquer cette crise d'identité ?

Durant les décennies 1990-2000, la social-démocratie, on l'a vu, avait préservé sa raison d'être en réussissant plus ou moins à sanctuariser la Sécurité sociale, clé de voûte de l'État social. Mais à la suite de la crise financière de 2007-2008, la Sécu est devenue à son tour la cible des politiques d'austérité néolibérales, qui cherchent depuis lors à la définancer structurellement et à l'affaiblir branche par branche : dégressivité des allocations de chômage, étranglement des soins de santé, tentative de réforme autoritaire des retraites. La social-démocratie, depuis un demi-siècle, ne peut se prévaloir d'*aucun* succès significatif sur le plan socio-économique – sauf peut-être, en France, les « 35 heures » sous Jospin. Elle assiste impuissante – ou indifférente ? – à la fuite des classes populaires, son électorat historique, vers les formations qualifiées de « populistes ». Clairement, c'est sa raison d'être qui est en jeu désormais.

Précisément, le moment n'est-il pas venu pour le socialisme de se désolidariser de la social-démocratie et de s'incarner dorénavant dans un autre acteur historique ? La gauche radicale, appelée aussi « populisme de gauche », n'est-ce pas l'avenir du socialisme ?

C'est la thèse de Chantal Mouffe, une intellectuelle proche du parti espagnol Podemos et de la France insoumise de Mélenchon. La conversion de cette philosophe du socialisme au populisme est assez déroutante. En 1985, elle publiait avec Ernesto Laclau l'un des derniers grands livres consacrés au socialisme, *Hégémonie et stratégie socialiste*, où elle soutenait que la classe ouvrière n'était plus l'agent privilégié d'une transformation socialiste de la société, et que le socialisme devait résolument s'ouvrir aux luttes féministes, antiracistes et écologiques. Mais à partir des années 2000, *exit* le socialisme, au motif que l'antagonisme premier dans la société ne serait plus le conflit entre les travailleurs et le capital, mais entre le « peuple » et les « élites ». À ses yeux, le populisme, qu'il soit de droite ou de gauche, est salutaire en ce qu'il réintroduit du conflit et de vrais débats dans une démocratie aseptisée, où libéraux et sociaux-démocrates se différencient aussi peu que Coca et Pepsi. Mouffe est convaincue que les vieilles idéologies sont obsolètes et que le choix se fera, à l'avenir, entre un populisme de droite xénophobe et consumériste et un populisme de gauche civique et solidaire, qu'elle soutient de toute sa fougue.

Qu'est-ce que le socialisme aurait à perdre en suivant cette voie du « populisme de gauche » ?

Ce ne serait plus un socialisme, voilà tout. L'ADN du socialisme, c'est la défense des travailleurs et la lutte contre le capitalisme. Tout cela passe à la trappe, dès lors que le conflit premier est réputé opposer le « peuple » aux « élites » – deux termes hautement problématiques à mes yeux...

Pourquoi problématiques ?

D'abord, parce que les « élites », c'est un fourre-tout où l'on confond patrons, politiques, technocrates, experts, intellectuels. Or, les socialistes n'ont rien contre les élites en soi. Au contraire, les intellectuels engagés, les hauts fonctionnaires ou les avant-gardes militantes sont tout à fait nécessaires pour élaborer et réaliser une politique socialiste. Ensuite, le populisme suppose une sorte de relation directe entre le « peuple » et un leader charismatique, alors que le socialisme se base sur les corps intermédiaires que sont les partis, les syndicats, les mutuelles, le tissu associatif, etc. Enfin, le « peuple », chez les populistes de gauche comme de droite, est censé être homogène, unifié, identique à lui-même, alors que pour les socialistes, toute société est traversée par d'irréductibles conflits de classe, de genre et de « race ». Finalement, le « peuple » des populistes, c'est toujours la « nation », la « souveraineté », etc., aux antipodes de l'internationalisme socialiste. Décidément, le socialisme n'a rien à voir avec le populisme, même de gauche...

Mais reconnais tout de même que le socialisme, qui a galvanisé et électrisé les foules par le passé, n'est plus très attractif aujourd'hui, en particulier chez les jeunes.

D'une manière générale, les jeunes générations ne se positionnent plus politiquement par rapport à des idéologies, quelles qu'elles soient. « Socialisme », « communisme », « libéralisme », ça ne leur parle plus, tu as raison. La source de leur engagement politique aujourd'hui, c'est presque toujours un combat spécifique : le climat, les violences policières, le droit des femmes, le sort des migrants, la solidarité avec le Sud, etc. Tous thèmes qui peuvent les conduire au socialisme, à condition que les organisations qui s'en réclament sachent capter cette énergie militante multiforme.

Un autre problème pour les socialistes, c'est que les conflits de classes continuent bel et bien de structurer la société, mais qu'ils se matérialisent de moins en moins sur le lieu de travail, comme jadis, et de plus en plus dans les lieux de vie – quartier, banlieue, village, etc. Pour les syndicats en particulier, c'est un défi de taille.

Ultime difficulté : à l'heure des réseaux sociaux régentés par l'instantané, l'entre-soi et les algorithmes, la construction d'un discours rationnel et émancipatoire, en un mot « éclairé », est devenue une gageure. Si les socialistes veulent rebondir, ils doivent s'attaquer à tous ces chantiers !

Mais à quoi bon, si le socialisme appartient désormais au passé ?

Le socialisme passe peut-être pour fatigué et désuet depuis la vieille Europe, mais dans d'autres parties du monde, il reste une idée porteuse d'espérance. En Afrique, la création de mutuelles de santé et d'une amorce de Sécurité sociale mobilise des milliers de militants. Allez leur dire que l'État social est suranné ! En Amérique latine, au début des années 2000, de nombreux gouvernements de facture socialiste ont vu le jour, qu'on a qualifiés de « bolivariens » (du nom du révolutionnaire du XIXe Simon Bolivar). Ces gouvernements, qui ont beaucoup innové sur le plan social, culturel et éducatif, ont connu un reflux ces dernières années, mais l'élan n'est pas brisé. Au Chili, en 2021, c'est un puissant mouvement social et citoyen qui a porté Gabriel Boric à la présidence. Aux États-Unis, où jusqu'il y a peu le mot « *socialism* » faisait figure de blasphème, il est désormais au cœur des projets portés par des figures populaires comme la jeune Alexandria Ocasio-Cortez. Il est également marquant que le socialisme suscite un regain d'intérêt chez les chercheurs et les intellectuels, comme en témoignent la récente *Histoire globale des socialismes* ou les publications d'une philosophe de renom comme Nancy Fraser.

La social-démocratie est aujourd'hui menacée à gauche à la fois par l'écologie politique et par le « populisme de gauche ». Ne risque-t-elle pas de disparaître au profit de ces deux concurrents qui ont le vent en poupe ?

À moyen terme, il est fort possible que ses concurrents prennent l'ascendant sur elle, tant la crise d'identité qu'elle traverse est profonde. Mais à long terme, je suis plus optimiste, à condition que la social-démocratie retrouve son impulsion originelle, qui est d'être la forme organisationnelle (parti + syndicat + mutuelle) que prend le socialisme dans le champ politique. Sous cette forme, elle s'avère plus solide idéologiquement et aussi plus ancrée à gauche que l'écologie politique et le populisme de gauche.

Tu veux dire que les écologistes ne sont pas de gauche ?

Ce n'est pas si clair que cela. Leur seul grand penseur de référence, Hans Jonas (1903-1993), rejetait dos à dos le libéralisme et le marxisme, qu'il accusait tous deux de productivisme et de consumérisme. Sa critique de la modernité et du progrès avait d'ailleurs un caractère conservateur assumé. Sur le plan électoral, l'écologie politique recrute plutôt au centre, voire au centre-droit, chez les diplômés urbains et dans le vivier de la défunte Démocratie chrétienne, dont elle a hérité une culture consommée du compromis. D'où le gouffre de plus en plus béant entre une rhétorique volontiers catastrophiste et un comportement gouvernemental timoré.

Tu ne peux pas faire ce reproche à la gauche radicale ?

Non, puisqu'elle refuse en principe de monter dans des gouvernements. Les rares fois où elle l'a fait, elle s'est effondrée, comme Podemos en Espagne. C'est le dilemme devant lequel elle se trouve : soit rester dans une posture tribunitienne qui finit par lasser ses électeurs, soit se compromettre au risque de les décevoir encore plus. Le « populisme de gauche », comme je l'ai dit plus haut, est un populisme avant d'être de gauche, du fait qu'il assimile le peuple à l'identité nationale et se cristallise autour d'un leader charismatique – deux traits qu'il partage avec son pendant, le populisme de droite. C'est ce qui explique que son électorat puisse si facilement glisser de l'un à l'autre. C'est aussi ce qui m'incite à penser que l'avenir de la gauche ne se trouve pas non plus de ce côté...

Face à ses concurrents, la social-démocratie conserve donc de sérieux atouts ?

Je le pense. D'abord, elle dispose de cette force de frappe considérable que sont les liens organiques entre parti, syndicat, mutualité et associations – là où ils existent encore. Ensuite, elle apparaît seule capable de faire la synthèse entre la propension de l'écologie au compromis et le tropisme « antisystème » de la gauche radicale, comme elle est seule aussi à pouvoir s'adresser à la fois à l'électorat populaire et ouvrier que visent les populistes, et à l'électorat diplômé urbain courtisé par les écolos. La social-démocratie, parce qu'elle est intrinsèquement plus à gauche que l'écologie et plus écologiste que le populisme, a vocation à redevenir le pivot des forces progressistes.

Tu plaides pour une « union de la gauche » qui rassemblerait socialistes, écologistes et gauche radicale ?

Bien sûr, mais je ne crois pas que cela se fera « par en haut », à l'initiative des appareils dirigeants des partis. À cet échelon, la méfiance et la concurrence resteront de mise encore longtemps. C'est « par en bas », depuis la base militante, à partir des mouvements sociaux, qu'une convergence est possible. La condition préalable à toute union de la gauche en vue d'une coalition gouvernementale, c'est un « front populaire » ralliant associations de terrain, réseaux citoyens et corps intermédiaires.

L'allocation universelle pourrait-elle être le socle d'une telle convergence à gauche ? Qu'en pensent les socialistes ?

Les socialistes éprouvent une méfiance instinctive à l'égard des projets d'allocation universelle – il en existe une kyrielle ! Car accorder un revenu inconditionnel à tous relève d'une logique consumériste (donner du « cash »), avec un double risque pour l'État social : (1) mettre en péril le financement de la Sécurité sociale ; (2) exercer une pression à la baisse sur les salaires. Sous cet angle, le ressort de l'allocation universelle est bien l'inverse de celui de l'État social, puisqu'elle opérerait une remarchandisation de l'accès aux conditions d'existence. Mais il est vrai qu'un nombre croissant d'individus se trouvent aujourd'hui insuffisamment couverts par notre système de protection sociale « néolibéralisé » – étudiants, chômeurs de longue durée, travailleurs intermittents ou de plateforme, pensionnés pauvres, familles monoparentales, etc. L'intérêt indéniable de l'allocation universelle, c'est qu'elle offrirait une solution tangible au problème dit des « trous dans la raquette » des protections sociales.

C'est pourquoi il est urgent que les socialistes réfléchissent à la mise en place d'un *revenu social de base* qui constituerait un filet de sécurité d'existence pour tous ceux dont les revenus sont inférieurs au seuil de pauvreté (aujourd'hui autour de 1 200 € en Belgique).

La grande différence avec l'allocation universelle, c'est qu'un tel revenu social de base ne se substituerait pas à la Sécu mais la compléterait, et qu'il ne serait pas inconditionnel puisqu'il ne concernerait que ceux dont les revenus sont insuffisants pour vivre décemment. En tout cas, les socialistes ne peuvent plus éluder le débat. Mais ils doivent l'aborder en gardant leur ADN, qui est la protection sociale des travailleurs.

Justement, tu répètes que la pierre angulaire du socialisme, c'est la « question sociale ». Mais est-ce qu'elle ne se trouve pas complètement éclipsée, aujourd'hui, par la « question climatique » ?

Non, pour la raison toute simple que la question environnementale et la question sociale, c'est la même chose. Les inégalités environnementales recouvrent en fait les inégalités sociales. Face aux enjeux du climat, de la biodiversité ou de la pollution, les classes populaires subissent la « triple peine » : (1) elles polluent moins : dans nos pays, la moitié la plus pauvre émet 5 tonnes de gaz à effet de serre par personne, tandis que les 10 % des plus riches en émettent 25 tonnes ; (2) elles sont plus exposées aux risques environnementaux, du fait qu'elles exercent des métiers plus dangereux et vivent dans des habitations et des quartiers où la qualité de vie est souvent dégradée ; en conséquence, les plus pauvres sont en moins bonne santé et sont les premières victimes de catastrophes telles que les sécheresses ou les inondations (en Belgique en 2021, ce sont les quartiers ouvriers de la vallée de la Vesdre qui ont payé le plus lourd tribut) ; (3) les classes populaires bénéficient peu des bienfaits d'un environnement sain, que ce soit en matière d'alimentation, de logement, de mobilité, d'espaces naturels ou d'accès financier et géographique à des soins adaptés et de qualité.

Tu ne crois pas que c'est une vue de l'esprit de vouloir réconcilier le social et l'environnemental, quand on voit combien les classes populaires sont consuméristes et allergiques à toute fiscalité verte qui pourrait heurter leur pouvoir d'achat ?

Quand les syndicats réclament un emploi de qualité pour chacun ou une augmentation du salaire minimum de 150 €/mois, reconnais que ce n'est pas une manière de pousser à la consommation à outrance, mais une simple exigence de justice sociale. Quant à la fiscalité verte, l'exemple de ce qu'il ne faut surtout pas faire a été donné en 2017 par Macron avec la taxe carbone qui a déclenché la crise des Gilets jaunes : un impôt injuste pour les ménages modestes qui n'avaient aucun moyen de réduire leur consommation d'essence, alors que dans le même temps, le kérosène aérien utilisé par les plus aisés pour aller sur la Côte d'Azur restait détaxé. Cerise sur le gâteau : la grande partie des recettes de cette taxe carbone devait financer les cadeaux fiscaux aux plus riches… En fait, la moitié la plus pauvre de la population des pays européens a *déjà* atteint ses objectifs climatiques. Ce sont les classes moyennes supérieures et les plus riches qui doivent être mis à contribution et changer leurs modes de consommation.

Mais comment les socialistes vont-ils s'y prendre pour engager la transition écologique tout en réduisant les inégalités ? Le socialisme n'est-il pas foncièrement productiviste ?

Pour te contredire, je pourrais citer Karl Marx lui-même dans *Le Capital* : « La production capitaliste ne développe la technique et la combinaison du procès de production social qu'en ruinant en même temps les sources vives de toute richesse : la terre et le travailleur. » Je pourrais aussi convoquer l'« autre Karl », Karl Polanyi, l'auteur de *La Grande Transformation*, qui soutenait dès 1944 que le capitalisme n'était pas tant un système d'*exploitation*, comme Marx le pensait, qu'un système de *destruction* des milieux humains et non humains, un système qui cannibalise la nature et la culture en les transformant en « marchandises fictives ». Polanyi avait pressenti que l'accumulation capitaliste reposait sur la captation de ressources que le système était incapable de renouveler, et il assignait au socialisme la tâche de « réencastrer » l'économie dans son substrat naturel et social.

Mais soyons de bon compte, tu as en partie raison : le socialisme a longtemps accepté le productivisme et le dogme de la croissance qui sous-tendaient les conquêtes sociales de 45, mais qui sont devenus insoutenables d'un point de vue environnemental. Le socialisme doit opérer une véritable « révolution culturelle » et remettre en cause ce que le philosophe Pierre Charbonnier appelle le « pacte liberté-abondance », c'est-à-dire l'idée, héritée des Lumières, que la promesse d'émancipation va de pair avec l'accès de tous à l'abondance matérielle.

C'est cette révolution culturelle qu'on appelle l'« écosocialisme » ?

Oui. Alors que l'État social du XXe siècle encastrait les objectifs de santé et de bien-être dans une logique de production-consommation, celui du XXIe siècle doit opérer le mouvement inverse : « La question de la production, dit Bruno Latour, est encastrée dorénavant dans une autre : celle des conditions d'habitabilité de la planète. »

En quoi cet écosocialisme serait-il encore fidèle au projet original des socialistes, qui est de défendre les travailleurs et de s'attaquer à l'accumulation capitaliste ?

C'est justement l'accumulation capitaliste qui alimente le productivisme et le consumérisme. L'objectif premier du socialisme, c'est de mettre fin à la dictature de la « valeur d'échange », en orientant la production et la consommation en fonction de la « valeur d'usage », c'est-à-dire en fonction des *besoins* des individus en termes de santé, de bien-être, de durabilité – des besoins qui doivent être définis collectivement et démocratiquement. C'est aussi cet objectif qui est au cœur de la Sécurité sociale, dont le but, on l'a vu, est de démarchandiser l'accès aux conditions qui permettent une vie épanouie. En ce sens, non seulement le socialisme n'est pas intrinsèquement productiviste, mais il est même la condition de toute société postproductiviste et postconsumériste.

Mais alors, qu'est-ce qui distingue l'écosocialisme de l'écologie politique ?

L'écologie politique dominante pense que la transition écologique peut se faire souplement dans le cadre du marché, selon une logique « *win-win* », « gagnant-gagnant » à la fois pour l'environnement, pour le social et pour l'économie. Elle fait le pari que les « gestes du quotidien » pousseront investisseurs et dirigeants à changer les choses. Un écosocialisme conséquent s'oppose à cette posture moralisatrice qui consiste à faire peser la responsabilité de la transition écologique sur les individus, alors que le cœur du problème, c'est la refonte de notre système productif, ce qui nécessite que l'État retrouve pleinement son rôle régulateur et même planificateur.

Par exemple, c'est fort bien de suggérer aux consommateurs d'éviter les emballages en plastique, mais la seule vraie solution est que les États les interdisent et poussent les industriels à réorganiser la production en conséquence. De même avec l'alimentation, le logement ou la mobilité, qui devraient être envisagés comme des services publics accessibles à tous, et non comme de purs biens de consommation privés.

Mais pour cela, il faudrait qu'émerge au niveau international un mouvement social aussi puissant et organisé que le mouvement ouvrier des XIXe et XXe siècles. Or, on est très loin du compte...

Exact, c'est l'autre grand défi : comment articuler les luttes sociales autour du travail et de la propriété, qui forment l'ADN du socialisme, avec les luttes autour de l'environnement, du genre et de la « race » ? Ces luttes, qui se cristallisent dans des mouvements tels que les Jeunes pour le climat, la Grève internationale des femmes ou Black Lives Matter, se développent actuellement en dehors des partis, des syndicats et des corps intermédiaires ; et s'il leur arrive de se croiser, on ne voit aucun signe de convergence en un grand mouvement social émancipateur. En tout cas, les socialistes ne peuvent pas déserter ces terrains de lutte, sous peine de disparaître...

Finalement, on retombe sur l'équation fondamentale en vue d'élaborer une stratégie socialiste de l'érosion anticapitaliste : agir à la fois par « en haut », par l'État, en réactivant les leviers de la régulation et de la redistribution, et par « en bas », en structurant les revendications collectives pour un accès égal aux conditions qui rendent possible une vie épanouie : emploi de qualité, santé, éducation, culture, logement, mobilité, environnement, etc.

Oui, et c'est pourquoi, face aux redoutables défis sociaux et environnementaux qui sont devant nous, la définition du socialisme que j'ai proposée en commençant m'apparaît plus actuelle que jamais : *la lutte politiquement organisée pour émanciper le monde du travail et la société en général (en ce compris notre environnement naturel) de l'emprise exercée sur eux par l'accumulation capitaliste*. Mais à la question de savoir *comment* mener cette lutte, face à des forces politiques et financières qui se montrent prêtes à tout – à liquider la démocratie s'il le faut – pour continuer à produire, à consommer et à accumuler comme avant, admettons qu'aucun socialiste n'a aujourd'hui de réponse assurée ni définitive…

POUR EN SAVOIR PLUS

ALALUF, Matéo, *Le socialisme malade de la social-démocratie*, Syllepse, 2021.

AUDIER, Serge, *La cité écologique. Pour un éco-républicanisme*, La Découverte, 2020.

BALIBAR, Étienne, « Régulation, insurrections, utopies : pour un "socialisme" du XXIe siècle », in *Histoire interminable. D'un siècle à l'autre. Écrits I*, La Découverte, 2020.

BERNSTEIN, Eduard, *Socialisme théorique et sociale-démocratie pratique* (1899), trad. A. Cohen, Les Nuits Rouges, 2010.

CHARBONNIER, Pierre, *Abondance et liberté. Une histoire environnementale des idées politiques*, La Découverte, 2018.

DELRUELLE, Édouard, *Philosophie de l'État social. Civilité et dissensus au XXIe siècle*, Kimé, 2020.

DELWITT, Pascal, « This is the Final Fall. An electoral History of European Social Democracy (1870-2019) », *Working Papers*, 1/2021, CEVIPOL.

DESAMA, Claude, *Quand la gauche s'éveillera, le monde changera*, Éditions de la Province de Liège, 2016.

DI LEO, Rita, *L'expérience profane. Du capitalisme au socialisme et vice-versa*, trad. P. Farazzi, Éditions de l'Éclat, 2012.

DUCANGE, Jean-Numa, KEUCHEYAN, Razmig, ROSA, Stéphanie, *Histoire globale des socialismes. XIXe-XXIe siècles*, PUF, 2021.

DUMONT, Daniel, *Le revenu de base universel, avenir de la sécurité sociale ? Une introduction critique au débat*, PUB, 2021.

FERRERAS, Isabelle, *Gouverner le capitalisme ? Pour le bicamérisme économique*, PUF, 2012.

FRASER, Nancy, « What should mean Socialism in the Twenty-First Century ? », *Socialist Register*, 2020.

GRAMSCI, Antonio, *Guerre de mouvement et guerre de position*, textes choisis et présentés par R. Keucheyan, La Fabrique, 2011.

HONNETH, Axel, *L'idée du socialisme. Un essai d'actualisation* (2015), trad. P. Rusch, Gallimard, 2017.

LACLAU, Ernesto et MOUFFE, Chantal, *Hégémonie et stratégie socialiste. Vers une politique démocratique radicale* (1985), trad. J. Abriel, 2009.

MAGNETTE, Paul, *La gauche ne meurt jamais*, Luc Pire, 2015.

MAGNETTE, Paul, *La vie large. Manifeste écosocialiste*, La Découverte, 2022 (à paraître).

MARX, Karl, *Le Capital. Livre I* (1867), trad. J-P. Lefevbre, PUF, 1993.

MICHÉA, Jean-Claude, *Les Mystères de la gauche*, Flammarion, 2014.

MOUFFE, Chantal, *Pour un populisme de gauche*, trad. P. Colonna d'Istria, Albin Michel, 2018.

NEGRI, Antoni, *Goodbye Mr. Socialism* (2006), trad. P. Bertilotti, Seuil, 2007.

POLANYI, Karl, *La Grande Transformation. Aux origines politiques et économiques de notre temps* (1944), trad. C. Malamoud et M. Angeno, Gallimard, 1983.

SENTE, Christophe, *La gauche entre la vie et la mort. Une histoire des idées au sein de la social-démocratie européenne*, Le Bord de l'Eau, 2021.

TANURO, Daniel, *Trop tard pour être pessimistes ! Écosocialisme ou effondrement*, Textuel, 2020.

WALLERSTEIN, Immanuel, *Comprendre le monde. Introduction à l'analyse des systèmes-monde*, trad. C. Horsey, La Découverte, 2004.

WRIGHT, Erik Olin, *Stratégies anticapitalistes pour le XXIe siècle*, La Découverte, 2020.

LISTE DES QUESTIONS ABORDÉES

Dis, c'est quoi *le* socialisme ou *les* socialismes ? p. 15

Le socialisme, une stratégie anticapitaliste ? p. 22

Socialistes, communistes, anarchistes :
une même famille ? p. 29

Révolution ou réformes ? p. 34

Le socialisme malade de la social-démocratie ? p. 40

« L'Internationale sera le genre humain » ? p. 46

Les plus belles réalisations du socialisme ? p. 51

Les échecs les plus cuisants du socialisme ? p. 60

Le socialisme au XXIe siècle :
c'est la « chute finale » ? p. 69

Le salut par l'« écosocialisme » ? p. 79

Dans la même collection

Déjà parus

Dis, c'est quoi le féminisme ?
Dis, c'est quoi le populisme ?
Dis, c'est quoi les droits de l'enfant ?
Dis, c'est quoi le harcèlement scolaire ?
Dis, c'est quoi les droits de l'homme ?
Dis, c'est quoi la citoyenneté ?
Dis, c'est quoi une religion ?
Dis, c'est quoi le transhumanisme ?
Dis, c'est quoi la franc-maçonnerie ?
Dis, c'est quoi un génocide ?
Dis, c'est quoi la guerre ?
Dis, c'est quoi le capitalisme ?
Dis, c'est quoi les théories du complot ?
Dis, c'est quoi la discrimination ?
Dis, c'est quoi l'euthanasie ?
Dis, c'est quoi la démocratie ?
Dis, c'est quoi l'antisémitisme ?
Dis, c'est quoi l'esprit critique ?
Dis, c'est quoi l'immigration ?
Dis, c'est quoi l'identité ?
Dis, c'est quoi la colonisation ?
Dis, c'est quoi l'homophobie ?
Dis, c'est quoi la laïcité ?
Dis, c'est quoi l'islam ?
Dis, c'est quoi le genre ?
Dis, c'est quoi l'antifascisme ?
Dis, c'est quoi l'intelligence artificielle ?
Dis, c'est quoi le racisme ?
Dis, c'est quoi les cryptomonnaies ?

À paraître

Dis, c'est quoi les coopératives ?
Dis, c'est quoi l'homoparentalité ?
Dis, c'est quoi les énergies du futur ?

ACHEVÉ D'IMPRIMER EN AOÛT 2022 SUR LES PRESSES
DE L'IMPRIMERIE COLORIX (BULGARIE)